백세시대를 준비하는
7개의 저금통장

이정한 지음

경영자료사

백세시대를 준비하는
7개의 저금통장

2012년 4월 19일 초판 1쇄 인쇄
2012년 4월 23일 초판 1쇄 발행

저　자 : 이정한
발행인 : 마복남
발행처 : 경영자료사
등　록 : 1967. 9. 14(제1-51호)
주　소 : 서울시 마포구 합정동 359-27
전　화 : (02) 735-3512 , 338-6165 / 팩스 : (02) 323-6166

www.kybook.kr / E-mail :bba666@naver.com
ISBN 978-89-88922-61-3　　　　　　　　03320

백세 시대를 준비하기 위하여

주위에서 돈 걱정 없이 사는 상사나 이웃들을 보면서 나도 나이 들어서 저렇게 살아야지 하는 마음으로 서점에 나가서 재테크에 대한 서적을 구입하여 읽은 다음, 굳은 마음으로 계획을 세운다. 그리고 이 계획대로라면 얼마 안 가서 내 집도 마련하고 적어도 돈 걱정은 하지 않고 살 것이라는 큰 기대를 갖는다. 그리고 은행에 가서 예금, 적금을 넣고, 수익률이 좋다는 CMA를 인터넷을 통해서 찾아서 가입한다. 그리고 돈을 넣고 기다린다.

그런데 돈이 좀 모아질 찰나에 돈을 인출해 야금야금 쓰게 된다. 그리고 시간이 지나면서 내가 언제 계획을 세웠느냐는 식으로 원래 소비패턴으로 돌아가 버린다.

돈을 모아서 백세를 준비하기 위한 통장을 만들기 위해서는 이런 나쁜 습관을 버려야 한다.

또 귀가 얇아 남들이 좋다고 하는 것은 다 해보다가 좋은 레스토랑에 가서 폼나게 식사도 하고, 멋진 자동차와 고급화장품 등의 유혹에 돈을 써버린다. 그리하여 처음 계획했던 것들이 물거품처럼 사라져 버리고 돈이 생기기가 무섭게 써버리고 그것도 부족해 카드를 긁어 대는 등의 행위는 절대 금물이다.

오늘날 많은 젊은이들은 옛날 사람들과 달리 재테크에 대한 지식과 상식을 많이 갖고 있으며, 정보 또한 풍부하게 접하고 있다.

직장에 다니거나 건전한 사고방식을 가진 젊은이들 대부분은 막연히 10억을 꿈꾸거나 대박이 터지기를 바라지 않는다. 그들은 오로지 돈 걱정 없는 여유로운 삶을 원할 뿐이다. 그들의 꿈은 건강, 아내나 남편, 친구, 돈, 일 등이며, 이런 것들을 지키기 위한 최소한의 돈을 원하는 것이다. 그 최소한의 돈을 모으기 위해서 어떻게 해야 하는가 하는 것이 보통 사람들의 물음이며, 그러한 물음에 특별한 비법이 있는 줄 알고 그것을 알려고 헤매고 다닌다.

이 땅에 사는 많은 젊은이들은 모두 이처럼 소박한 꿈을 가지고 있다. 노후에 돈 걱정 없는 삶이라는 소박한 꿈을 가지고 있다. 그 꿈을 이루기 위해서는 현명한 자산관리가 꼭 필요하다.

본서는 100세를 즐겁게 누리기 위해서 필요한 7개의 저금통장을 제시하고, 그 통장을 어떻게 만들고 채우고 관리하는지에 대해서 상세하게 안내하고 있다. 부디 편안한 노후를 위해 현명한 선택을 하기 바란다.

SECTION 1
7개의 저금통장 소유의 조건

SECTION 2

백세시대를 준비하는 7개의 통장

Part 1 관리가 필요한 수시 입출금 통장

Part 2 불황에도 끄떡없는 예금, 적금통장

SECTION 3

저금통장 프러스 알파

SECTION 1

7개의 저금통장 소유의 조건

Part 1

백세 시대를 준비하는 자세

01 확고한 목표

　대부분의 사람들이 재테크를 시작하는 경우 흔히 범하는 오류는 재테크의 '목표' 보다는 '수단' 과 '방법' 에 치중하는 것이다. 목표를 설정함에 있어 자신의 재정적인 능력, 현실성, 차선책 등 목표의 실현 가능성을 먼저 점검해야 그에 따른 수단과 방법을 찾아볼 수 있다. 그런데 대부분 목표의 실현 가능성은 점검하지 않고 수단과 방법을 통해 막연히 목표를 이룰 수 있을 것이라고 믿는다. 재테크에 있어 목표보다 수단과 방법에 치중하는 것을 오류라고 말할 수 있는 근거는 바로 이것이다.

　따라서 수단이나 방법보다 목표를 세워 재테크 계획을 세워야 한다.

　목표의 설정과 목표의 실현 가능성이 재테크에 미치는 영향은 다음의 예시를 통해 짐작할 수 있다. 즉 당신이 매월 1백만 원의 여유 자금이 생기는 경우, 이를 10년간 투자하여 1억 5천만 원을 만든다는 목표를 세웠다면 크게 노력하지 않아도 실현이 가능할 것이다. 하지만 2억 원 또는 3억 원, 5억 원을 목표로 세웠다면 실현 불가능한 목표라고 말할 수는 없어도 그 정도의 돈을 만들기가 쉽지 않다. 3억 원의 경우 매년 총 투자 원금을 세금 공제 후 9.6% 수준 복리로 투자해야 받을 수 있는 금액일 뿐만 아니라 평균 투자 원금의 295% 수준의 투자 수익률이므로 실현 가능성이 높지 않다. 하물며 5억 원은 부언할 필요가 없다.

물론 투기적인 거래를 통해서 목표로 하는 금액을 벌어들일 수 있는 가능성을 배제할 수는 없다. 그러나 기대수익이 높은 거래는 손실 가능성도 훨씬 높아지기 때문에 극단적인 거래상황을 제외하면 실현 가능성은 매우 낮다고 할 수 있다. 따라서 실현 가능성이 있는 목표가 세워져야만 안정성과 가능성이 적절히 혼합된 상대적인 고수의 투자수단을 모색할 수 있다. 이와는 반대로 애초부터 실현 불가능한 대상을 목표로 삼았다면 '모' 아니면 '도' 식의 투기적 거래, 묻지마식 거래를 할 수밖에 없고, 대부분의 경우 투자된 원금마저도 회수하기 어려운 안타까운 상황을 맞이하게 된다.

집을 짓는 일은 재테크와 많은 공통점을 가지고 있다. 집을 지을 때 설계도가 없다면 아무것도 할 수 없다. 건축 현장에서 일하는 기능공들이 저마다 다른 생각으로 기초를 파고 벽을 만들고 지붕을 얹었을 때 어떤 일이 벌어지겠는가?

마찬가지로 재테크에 있어서도 설계도를 그리듯이 재테크 계획, 즉 투자 목표, 투자 기간, 투자 방법, 점검 방법 등을 세워야 한다.

집을 지을 때에 기능공을 선택하고 자재를 조달하고 투자하듯이 가능한 상품들을 스크린하고 선정된 상품에 투자하며, 공사 중간에 감리를 통해 시방서에 따라 공사의 진행이 제대로 되고 있는지 점검하듯이 정기적으로 투자의 성과를 검증하고 측정한다. 설계도에 따라 계획된 집을 완성하듯이 재테크의 목표를 달성하여 재무적인 안정감을 실현하는 과정이 바로 두 사업의 공통점이라고 할 수 있다.

따라서 재테크라는 것은 하나의 프로세스로, 톱니바퀴가 돌아가듯 하나의 공정이 다음 공정에 직접적인 영향을 미치게 된다.

02 투자도 고려하라

꿈을 이루는 저금통장을 만들려면 다음과 같은 전제조건이 따라야 한다.

첫째는 지금 당장 모든 문화생활이나 편의생활을 포기하되, 앞으로 목돈 들어갈 큰일은 발생하지 않아야 한다. 예를 들어서 가족의 질병 등과 같은 일이 일어나지 않아야 한다.

둘째, 소비는 해마다 5% 증가하고 연소득은 10% 증가해야 한다.

셋째, 연 5% 정도의 확정복리 이자가 적용된 혜택을 받을 수 있어야 한다.

위의 전제조건이 이루어졌다 해도 10억 부자가 되기 위해서는, 물론 소득의 수준에 따라 다르겠지만 적어도 25년이 걸린다.

따라서 목표를 앞당기기 위해서는 주식과 부동산에 대한 투자를 고려하지 않을 수 없는 것이다. 이러한 부분에 대해서는 앞으로 설명이 되겠지만 우선 목표를 정했으면 지금까지 익숙했던 소비 패턴을 하루 5분씩만 돌이켜 봐야 한다. 물려받은 재산도 없는 사람이 부자가 되겠다고 마음먹고 꿈을 이루는 저금통장을 만들려면 무엇보다도 지금까지 생활해온 패턴을 점검해보는 일이 급선무이다. 점검하는 가운데 문제점도 발견하게 될 것이고 또한 목표에 맞는 생활 패턴을 발견하게 될 것이다.

재테크는 고독한 것이며, 인내심과 성실성은 기본적으로 필요한 것이다. 인간관계마저 상당 부분을 포기하게 만든다. 그래서 중간에 포기하는 사람들이 많다.

먼저 나를 알고 나를 이기자. 재테크는 먼저 자신을 아는 것이 첫걸음이다.

03 스스로 밑천을 준비하는 일부터

세상은 일확천금을 꿈꾸는 사람들로 넘치고 있다. 그러나 꿈을 이루는 저금통장을 만들려고 하는 사람은 무엇을 하든 성실한 자세가 필요하다. 어떤 일을 하든 부딪치지 않고 넘어갈 수 있는 일은 없으며, 남의 돈을 빌리지 않고 이룰 수 있는 일은 흔치 않다.

돈 없이 시작할 수 없는 일이라면 은행 융자를 받는 일보다 스스로 밑천을 준비할 수 있는 일부터 시작하도록 하자. 아니면 초기 자본금이 많이 들지 않는 일은 없는지 연구해 본다. 규모 키우기에 급급해하기보다 착실한 자금 회수를 고려하라. 푼돈이라도 좋으니 항상 흑자를 낼 수 있도록 일정 선을 긋고 그 선을 지킨다. 한 걸음, 한 걸음 최선을 다해 나아가야 한다. 땅을 기듯 최선을 다해 나아가는 포복 정신이야말로 요즘 같은 시대에 진정으로 필요한 자세이며, 꿈을 이루는 사람의 정신이다.

당신이 분명한 재무 설계를 통해 어제 있던 곳보다 약간이라도 나아가고 있다면 분명 성장하고 있는 것이다. 성장이라는 이름의 저축을 자기 내부에 차분하게 비축해 두는 일부터 시작하면 계획한 재테크에 성공할 수 있으며 언젠가는 반드시 꽃을 피울 시기가 올 것이다. 활짝 핀 당신의 시대가 점점 다가올 것이다.

Tip

투자, 투기, 저축의 차이

구분	차이점
투자	불확실한 미래의 이득을 얻기 위한 현재의 경제적 희생.
투기	확률이 매우 낮지만 단기에 높은 이익을 얻기 위한 행위.
저축	보장된 미래의 이득을 얻기 위한 현재의 경제적 희생.

04 가계부를 써라

　자산 관리를 위해서는 자신의 지출내역을 확실히 아는 것이 중요하다. 저축액을 늘리기 위해서는 무엇보다도 지출내역을 우선적으로 알아야 한다. 그러기 위해서는 무엇보다도 가계부를 쓰는 게 좋은데, 형식에 얽매일 필요는 없다. 자신의 돈이 어떻게 쓰이는지도 알지 못하면서 자산관리를 한다는 것은 그 자체가 모순이다.

　가계부를 쓸 때 형식에 얽매일 필요는 없다. 흔히 사용하는 엑셀 프로그램 정도면 충분하다. 자주 소요되는 비용별로 지출과 수입을 적는 것이면 족하다. 이것마저 귀찮다면 월 단위로 몇 날 며칠에 얼마를 벌고 얼마를 지출했다고 적으면 그것으로 족하다.

　가계부를 작성해서 지출내역을 확실히 파악했다면 다음 표와 같이 나누어본다. 즉 월 지출은 매월 반드시 써야 할 금액, 즉 월 필수 지출을 의미하며, 연 지출은 매월 나가지는 않지만 1년 전체로 볼 때 간헐적으로 나가는 비용을 의미한다.

　월 지출과 연 지출을 분리하는 것은 소비습관을 완전히 파악하

고자 함이다. 월 지출과 연 지출을 분리해서 확실하게 아는 것만
으로도 지출을 줄이고 소득을 올릴 수 있는 좋은 마인드가 형성되
는 셈이다.

월 지출	아파트 관리비, 공과금, 용돈(부모님 또는 자녀)
	교통비, 통신비, 교육비(자녀 학원비) 문화생활비
연 지출	휴가비, 명절비, 경조사비, 자동차 비용, 보험료, 의료비, 각종 재산세

05 열심히 번다

　부모로부터 물려받은 재산이 없는 사람이 부자의 꿈을 이루려면 돈을 버는 수밖에 없다. 돈을 벌려면 일을 해야 한다. 누구나 일을 하는 목적은 돈을 벌기 위해서다. 일을 좋아해서 일을 하는 사람도 있다. 그러나 그 사람도 크건 적건 돈이라는 보상이 없다면 아마 오랫동안 그 일을 하기가 힘들 것이다.

　사람들이 돈을 버는 방법은 천차만별이다. 그러나 크게 보면 두 가지로 나눌 수 있다. 하나는 직장생활을 하는 것이고 다른 하나는 자기 사업을 하는 것이다. 돈을 벌기 위해서는 이 두 가지 방법 중에 하나를 택해야 한다.

　당신이 어느 길을 택하든지 물려받은 재산이 없다면 돈을 벌어야 하며 열심히 일을 해야 한다.

　직장에서 일을 열심히 하는 것은 맡은 일에 충실히 하는 것이 그 첫째이고, 회사가 자신에게 무엇을 바라는가를 알아서 열심히 뛰어 좋은 성적을 올리는 것이다.

　자기 사업을 하는 입장에서 열심히 일을 한다는 것은 고객이 무엇을 바라는가를 알아 매출을 극대화하여 사업을 번영시키는 것이다.

돈을 벌려고 했을 때 무엇보다도 목표를 정하는 것이 중요하다.

회사에 몸담고 있는 사람이라면 자신의 능력을 극대화하고 창의력을 발휘하여 몇 년 내에 승진하겠다는 구체적인 목표를 갖는 것이 효과적이다.

자기 사업을 할 경우에도 1년 또는 3년 내에 매출을 얼마를 올리겠다는 목표를 세워놓을 때 불철주야로 일을 하게 될 것이다.

어느 길에 놓여 있든지 간에 물려받은 재산 없이 부자가 되겠다면 열심히 일을 해서 돈을 벌어야 한다.

06 부업이라도 하여 소득을 올려라

오늘날 불황이 오래 지속되고 생활이 어려워지면서 낮에는 회사에서 일을 하면서 퇴근 후나 주말 자투리 시간에 부업을 하는 월급쟁이들이 눈에 띄게 늘어나고 있다.

오늘날 부업의 형태를 보면 참으로 다양하다. 옛날에는 고작 다단계 판매였지만 지금은 자신의 상황과 적성, 취미에 맞는 부업을 골라 일을 하는 사람들이 많다.

은행원이 주말에는 학원 강사로, 미술 교사가 인테리어 전문가로, 영어나 수학 선생이 과외를 하거나 회사원이 퇴근 후에 대리운전을 하는 등의 일을 하는 샐러리맨이 적지 않다.

직장인으로 부업을 할 수 있는 일은 얼마든지 있다. 랜트잡(www.rentjob.com)과 같은 인터넷을 검색하면 직장인들이 한 번 해볼 만한 부업들이 많이 소개되어 있다. 또 구직란에 자신이 하고 싶은 분야를 올리면 일자리를 구하기는 그렇게 어렵지 않다.

부업을 할 때 주의해야 할 점은 우선 회사에 들키지 않도록 해야 한다.

회사마다 규정이 다르고 부업을 절대로 허용하지 않는 회사도 있지만 대개 사규로 부업을 금하고 있는 회사는 드물다. 그러나 회사에 허가를 받고 부업을 하는 경우는 거의 찾아볼 수 없을 것이다.

어느 회사의 오너든지 자기 회사 직원이 부업을 한다고 했을 때 너그럽게 이해는 할지라도 찬성하는 오너는 없을 것이다. 따라서 가급적 회사에 알지 못하도록 하는 것이 좋다.

다음은 본업에 충실해야 한다. 일반 직장인들은 회사 일을 아무리 열심히 해보아도 어차피 월급은 똑같으니까 부업에 신경을 쓰자고 생각하는 경우도 있는데 이것은 매우 잘못된 생각이다. 본업에서 나름대로 성적을 올리지 못한 사람은 부업에서도 결코 성공할 수 없다.

마지막으로 시간을 효과적으로 관리하는 것이다. 부업을 할 때 가장 문제되는 것은 바로 시간이다.

그러나 시간이 없다는 것은 거짓말이다. 주 5일제가 되면서 공휴일을 포함해 연간 휴일이 120일 정도이다. 연중 무려 4개월이 쉬는 날이다. 시간관리만 잘 한다면 두 마리의 토끼를 얼마든지 잡을 수 있다.

돈도 없고 땅도 없이 부자의 꿈을 이루기 위해서는 남들이 휴일에 등산이나 레저를 즐길 때 부지런히 돈을 벌지 않으면 안 된다.

• 인터넷 부업알선 사이트

랜트잡(www.rentlob.com)

타운잡(www.townjob.incruit.com)

탑알바(www.topalba.com)

신용, 현금, 교통 카드 모두 사용하는 IC카드

카드 한 장에 수십 가지의 기능을 통합한 IC카드가 실용화되고 있다.

IC카드의 모양은 기존 현금카드와 비슷하지만 앞면에 손톱만 한 칩이 붙어 있는데, 이것이 현금카드의 '자기(마그네틱)' 띠를 대체하게 될 집적회로(IC) 칩이다.

이 카드를 아무 은행에나 가서 자동화기기에 IC카드를 넣고 고객 식별번호 6자리를 입력해 보면 통장계좌번호 6개가 화면에 한꺼번에 나타난다. 이것은 6개의 계좌가 카드 하나에 들어 있다는 것을 의미한다.

07 자산 관리 없이 꿈을 이룰 수 없다

자산관리는 장기 계획이다. 사람의 한평생은 불확실성으로 가득 차 있어서 내일 어떤 일이 벌어질지 모른다. 따라서 완주할 때까지 방심해서는 안 된다. 잠시 방심했다가는 한순간에 모든 계획이 물거품이 된다.

오늘날 이 땅에 사는 많은 젊은이들은 모두 소박한 꿈을 가지고 있다. '돈 걱정 없는 삶' 이라는 소박한 꿈을 가지고 있다. 그런데 실제 그들의 생활은 이런 꿈과는 거리가 멀다. 돈 걱정 없는 삶을 살고 싶다고 하면서 어떤 계획이나 목표도 없이 살고 있다. 아무런 목적과 구체적인 계획 없이 살면서 돈 걱정 없는 삶을 바란다는 것은 곧 노력 없이 10억을 바란다는 것과 같은 뜻이다.

세상은 더욱 각박해지고, 불확실한 리스크가 여기저기 도사리고 있다. 소박한 꿈을 달성하기 위해서는 지금부터 차근차근 준비하지 않으면 안 된다.

소박한 꿈을 달성하기 위해서는 무엇보다도 먼저 인내심과 성실함이 필요하다. 꾸준하게 모든 과정을 충실하게 수행하면 반드시 꿈은 이루어진다. 어느 정도 시간이 지나면 돈 불어나는 재미에 흠뻑 빠진다. 차근차근 목표를 달성하는 성취감도 느낀다. 그 다음부터는 즐기면서 할 수 있다. 처음부터 무리한 계획을 세우기보다는 실천할 수 있는 계획을 세워 차근차근해 나가는 것이 성공의 지름길이다.

두 가지 유혹을 물리쳐라

돈을 착실하게 벌어 그 돈을 제대로 관리하고 불려나가는 통장을 갖기 위해서는 좋은 습관을 들이고 습관에 따라 실천해야 한다.

좋은 습관을 가지기 위해서는 일정 기간 피나는 노력을 해야 한다. 습관을 조금만 고쳐도 되는 사람에게는 나름대로 쉽지만 생활 습관을 전반적으로 고쳐야 하는 사람에게는 돈 모으는 것보다 좋은 습관을 갖는 것이 더 어렵다.

처음에는 거창한 계획이나 그럴듯한 목표를 세우지만, 돈을 모으지 못하고 제대로 돈이 들어 있는 통장 하나 갖지 못하는 것은 돈을 모으고 쓰는 데에 필요한 좋은 습관을 가지지 못하기 때문이다. 습관 중에서 가장 중요하면서도 힘든 것이 돈 모으는 습관이 아니라 쓰는 습관이다.

아무리 돈을 잘 벌어도 잘못 쓰면 통장에 남는 돈이 없다. 아무리 수익률이 좋은 상품에 투자했을지라도 돈을 무분별하게 쓰면 당할 재주가 없다.

봉급쟁이는 수입을 늘릴 방법이 없다. 1년에 한두 번 나오는 보너스 외에는 특별히 들어오는 돈이 없다. 오늘날과 같은 불확실한 시대에 주식이나 펀드에 투자할지라도 1년에 평균적으로 10% 이상 수익을 올리기가 쉽지 않다. 그런데 요즈음 가만히 있어도 물가가 올라 실제 수입이 줄어드는 판국에 돈 쓸데는 너무나 많다. 교육비, 통신 비용, 생활비 등 반드시 지출해야 할 돈은 말할 것도 없고, 자동차 명품 등 필요하지 않은 것들이 소비 지출을 유혹하고 있다. 이런 유혹에 흔들리면 모든 꿈은 멀어진다.

■ 자동차로 꿈을 접은 홍 대리

지금부터 3년 전 우리나라 굴지 기업에 입사한 홍 대리는 3년 만에 대리가 되었다. 그렇게 넉넉하지 못한 집안에서 태어난 홍 대리는 입사할 때부터 야무진 꿈을 갖고 열심히 저축을 하여 돈을 모았다. 그런데 대리가 되면서 마음이 조금씩 흔들리기 시작하였다. 더욱이 여자 친구가 생기면서 마음이 바뀌어 자동차를, 그것도 중형차를 구입했다. 요사이 누구나 다 끌고 다니는 자동차를 그동안 소박한 꿈을 이루기 위해서 사지 않고 대중교통을 이용하다가 여자 친구가 생기자 마음이 바뀐 것이다.

그런데 홍 대리는 자동차를 구입하면서도 마음 한구석에는 입사할 때의 꿈이 생각나서 자동차를 끌고 다닐지라도 꼭 필요할 때만 끌고 다니면 비용이 얼마 들지 않을 것으로 생각했다. 그러나 막상 자동차를 구입하고부터 모든 상황이 변했다. 무엇보다도 기름값이 만만치 않았다. 게다가 자동보험료, 주차비 등 각종 비용이 생각한 것보다 훨씬 많이 소용되었다. 그리하여 원래 목표였던 한 달 저축비를 낼 수 없게 되었다. 마침내 결혼자금을 5년 내에 마련하겠다던 꿈을 포기해야만 했다. 이제 결혼을 늦추거나 아니면 대출이라도 받아야 결혼자금을 마련할 수 있게 되었다. 첫 번째 계획이 무산되면서 홍 대리는 내집 마련, 노후자금 준비 등 모든 계획을 다시 수정하지 않으면 안 되게 되었다.

■또 하나의 적 신용카드

꿈을 이루게 하는, 똑똑한 통장을 소유히는 데에 또 하나의 적은 신용카드이다. 경기가 좋을 때는 카드 회사들이 서비스 경쟁을 하여 손님들을 유혹한다. 이때 유혹에 넘어가서는 안 된다. 다행히 지난해부터 금융기관의 제재로 많은 서비스가 줄어들었고, 조건도 많이 까다로워져서 옛날처럼 카드를 마음대로 쓸 수 없게 되었다. 그러나 카드를 잘못 사용하여 그 빚으로 인해서 폐가망신당하는 사람들이 아직도 우리 주위에서 볼 수 있다.

카드를 제대로 잘 쓰는 것도 좋은 습관만 들이면 가능하다. 아껴서 쓰는 좋은 습관만 몸에 배면 모으는 습관은 쉽게 형성된다. 쓰는 것과 모으는 습관이 몸에 배면 돈을 더 벌 수 있다면 모으는 속도가 가속된다. 아무리 중간중간에 힘든 일이 있고 유혹이 있더라도 차근차근 노력하며 1년만 참아보면 소박한 꿈이 이루어지는 날이 멀지 않다. 그러므로 좋은 습관부터 들이자.

09 제대로 알아라

세계적인 투자의 귀재 워렌 버핏에게 투자의 비결을 묻자 그는 이렇게 대답했다.

"모르면 투자하지 마라."

간단하면서도 참으로 적절한 표현이다. 사람들은 신문지상이나 자기 나름대로 얻은 정보를 통해 '중국 펀드가 뜬다.' '변액보험 이 수익률이 높다.' 하는 말을 들으면 그것에 집중한다. 그러다가 어느 날 갑자기 중국이 긴축경제를 편다는 뉴스 한 줄에 그만 중 국 펀드가 급락하면서 낭패를 보고 만다.

2011년 주식시장이 그랬다. 2,000을 돌파하여 고공행진을 거듭 하던 주식시장이 그리스 등 유럽의 금융위기가 닥치면서 주가가 폭락하고 말았다. 중요한 것은 지식을 제대로 아는 것이다. 단신 뉴스나 이벤트성 기사는 꿈의 통장을 채워주지 못한다. 또한 그로 인한 손실에 대해서도 어떤 책임도 지지 않는다. 꿈을 이루는 통 장을 갖기 위해서는 시중에 넘쳐나는 경제 관련 지식에 대해서 제대로 알고 그것을 자신의 것으로 소화시킬 줄 알아야 한다. 따라서 많은 정보 중에서 자신에게 맞는 정보를 올바르게 판단하고 자신에게 적합하도록 적용하는 것이 중요하다.

과거처럼 은행만 알고 이용할 때에는 금융상품에 대한 지식이 없어도 은행만 믿고 맡기면 저절로 돈이 불어났다. 이자도 오늘날보다 훨씬 높은 편이라 특별한 지식이나 노력을 하지 않아도 저축만 해두면 어느 정도의 수익은 가능했다.

그러나 시대가 변했다. 금융시장이 복잡해지고 경제 환경이 급변하고, 세상이 눈깜짝할 사이에 변하여 그야말로 코를 베어가는 세상이라 금융상품도 제대로 공부하지 않으면 수익을 올릴 수 없다. 적어도 돈을 굴릴 때 그 목적과 기한에 따라서 상품을 골라낼 줄 알아야 한다는 뜻이다. 상품에 대해서 상세히는 몰라도 적어도 장점과 단점은 알아야 하며, 투자 시 성공했을 때의 이익과 손해를 봤을 때의 손실이 어느 정도인지는 알아야 한다. 결론적으로 말해서 전문가가 말하는 내용을 이해하고 판단하고 결정할 줄 알아야 한다.

■신문기사만 보고 저금했다가 낭패를 볼 뻔한 또순이

변 양은 작년 대학을 졸업하고 힘든 취업 관문을 뚫고 회사에 취직하여 한 달에 150만 원 월급에서 50만 원만 쓰고 나머지는 모두 저축하는 전형적인 또순이다. 그녀는 부모로부터 '시집갈 때 필요한 혼수는 스스로 벌어서 가라.'는 말을 듣고 입사하여 월급

첫달부터 저축하기 시작하였다. 그녀는 다행히 부산지사로 발령이 나서 부산에 있는 집에서 출근하게 되어 저축하기가 더욱 유리하였다.

변 양은 2009년에 어디에 저축할까 하고 고심하던 중 어느 일간지에서 '저축은행의 이자가 다른 시중은행보다 더 많다' 는 기사를 보고 저축은행에 돈을 맡겼다. 이율이 높다는 것만 알았지, BIS 비율이 낮은 은행은 위험하다는 사실은 모르고 있었다. 한 푼이라도 더 받겠다는 욕심으로 저축은행에 2개의 통장을 만들었다.

그런데 2011년 어느 날 저축은행이 문을 닫고 폐업한다는 소식을 듣고 그녀는 깜짝 놀라 은행으로 달려갔으나 이미 문을 닫은 다음이었다. 마침 그녀는 나라에서 보호해주는 이자 포함하여 5,000만 원이 초과되지 않아 원금은 건질 수 있었다. 그로부터 변 양은 무엇이든 제대로 알고 난 후에 저축하기로 결심하였다.

■ 모르는 상품에 투자하지 마라

앞의 변 양의 경우는 극히 드문 경우이지만, 정보가 난무한 상황에서 제대로 판단할 수 없는 상태로 투자했다가는 치명적인 손실을 입을 수가 있으므로 상식을 넘어선 최소한의 지식을 가지고 투자해야 한다.

금융전문가들 역시 자신의 이익을 기준으로 추천하는 경우가 많으므로 그들의 의견을 전적으로 믿어서는 안 된다. 또한 신문이나 방송 역시 수익률이 좋을 때에는 그 상품의 장점을 집중적으로 보도하지만, 수익이 나빠지면 그제서야 문제점만 지적한다. 따라서 무엇보다도 시중에 떠도는 정보를 올바르게 판단하고 자신에게 맞게 적용하는 능력을 갖는 것이 필수다.

완전히 알지는 못해도 좀 더 많이 알고자 노력해야 한다. 이해하지 못하는 상품에는 투자하지 않는 것이 좋다. 조금 더 벌려다가 오히려 더 큰 손해를 보게 된다.

10 돈을 모았을 때의 인생목표는 있는가?

　꿈을 이루는 통장을 갖기 위해서 필요한 것은 두말 할 필요 없이 무엇보다도 돈이다. 돈이 한 푼이라도 있어야 통장에 입금되니까 말이다. 그래서 사람들은 돈이 있을 때 꿈을 이루는 통장을 만들겠다고 한다. 그런데 사람들은 돈을 어떻게 모을지는 계획하지만 막상 돈이 생기면 돈을 어떻게 관리할지에 대해서는 실패를 하는 경우가 많다. 작은 돈을 관리할 줄 모르면 큰돈을 관리하지 못하는 것은 당연한 이치이다.

　돈이 없다고 하여 재산관리를 소홀히 해서는 안 된다. 돈이 없을수록 재산관리를 더욱 철저하게 해야 한다. 돈이 많은 사람들은 재산관리를 하지 않아서 돈이 좀 새어나간들 큰 문제가 아니다. 그러나 돈이 없는 사람이 자산관리를 하지 않아서 돈이 빠져 나가면 부자들보다 더 큰 타격을 받게 된다. 한정된 자산을 어떻게 관리하느냐에 따라 시간이 지나면서 많은 차이가 난다.

■ 무턱대고 아파트 샀다가 후회하는 허 대리

중소기업에 근무하는 허 대리는 몇 년 전에 시중은행으로부터 1억 원을 빌리고 전세와 가지고 있던 통장을 모두 털어서 아파트를 샀다. 그동안 전세를 살았는데 이사를 자주 다니기가 지겹고 크든 작든 내 집에서 편안히 살고 싶어서 아내와 상의를 하였다. 아직 이르다고 만류하는 아내의 말을 무시하고 아파트를 장만한 후 이사를 하였다. 그런데 몇 년이 지나자 당시 대출금 이자가 5%였던 것이 8% 가까이 오르면서 문제가 발생하기 시작했다. 고정금리를 적용하지 않은 것을 후회했지만 이미 늦었고, 무엇보다도 빠듯한 월급에 대출 이자를 감당하기가 벅찼다. 게다가 작년에 물가는 올라 생활비가 예상했던 것보다 더 많이 지출해야 했다. 그래서 허 대리는 야근을 자청하고 안간힘을 썼으나 그로 인해서 부부간의 마찰만 자주 일어나고 도저히 감당할 수 없어서 그만 아파트를 매매하기로 결정하고 부동산 중개소에 의뢰하였다. 다행히 부동산 세제가 개편되면서 작년에 아파트 값이 약간 상승하는 시기라 제값을 받고 팔 수 있었다. 그리하여 허 대리는 아파트를 처분한 돈으로 대출을 모두 갚은 다음 나머지 돈으로 전세를 얻어 마음 편하게 생활하고 있다.

■ 돈이 모았을 때의 인생의 목표를 정하라

앞에서 애기한 허 대리의 가장 큰 문제점은 목표와 계획이 없이 마음 내키는 대로 움직였다는 점이다. 돈을 모아야겠다고 생각했을 때 가장 먼저 생각해야 할 것은 돈을 사용할 인생의 목표를 정하는 것이다. 목표를 알아야 수단과 방법을 찾을 수 있다.

그리고 현재 가입한 상품이 목적에 부합한지 따져보고 맞지 않으면 리모델링을 해야 한다.

자산과 부채를 파악하고, 현금 흐름을 원활하게 한 다음 불필요한 소비지출을 줄여 목표에 맞는 저축과 투자를 해야 한다.

11 의지에 달렸다

자산관리에 실패하는 원인 중 가장 큰 원인은 자기 자신에게 있다. 처음에는 거창한 계획을 세워 조금만 노력하면 목표를 달성할 것 같은 의욕으로 가득 차 있다. 이때는 어지간한 유혹은 뿌리칠 수 있다. 그런데 시간이 지나면서 점차 힘들어진다.

TV마다 맛집 프로로 입맛을 유혹을 하는가 하면, 백화점이나 인터넷 쇼핑몰에서 명품들이 지갑을 흔들고 있다.

그런데 이런 정도의 모든 유혹은 이길 수 있을지라도 자녀 사교육비만은 도저히 극복할 수 없을 것이다. 내 자녀 교육시키는데 무엇이 아깝겠느냐 하는 생각에 남들이 보내는 학원마다 다 보내고, 그것도 모자라 부잣집 자녀들이나 가는 해외 연수도 카드를 긁어서라도 보내야만 부모로서 도리를 다하는 것 같은 생각이 들 것이다. 이 모든 것들을 해주다 보면 비용이 엄청나게 든다.

이렇게 자식을 위해서나 어떤 명목으로나 자기 관리를 하지 못해서 자산 관리를 포기하는 경우도 있으나, 요사이처럼 장기간 불황일 때는 장사가 되지 않아서, 구조조정으로 밀려나서, 친구의 보증을 섰다가, 병든 부모님 병원비 등의 이유로 자산관리를 하지 못하는 경우가 많이 생길 것이다.

목표를 세우고 계획을 짜서 실천하다가도 어떤 사정으로 인해서 자산관리를 포기하면 다시 하지 못하는 것이 보통이다.

■ 가능한 계획을 세워라

따라서 여러 가지 상황을 고려하여 처음부터 계획을 짤 때 무리하게 세우지 말고 가능한 범위 내에서 계획을 세워야 한다. 즉 처음에는 다소 느슨하게 계획을 짜라는 것이다. 한 번 계획을 세우고 끝나는 것이 아니기 때문이다. 한 번 계획을 세워서 어느 정도 실천을 하여 탄력이 붙으면 다음 단계를 수립하는 것이 좋다. 즉 한 번에 완벽하게 계획을 짜서 그대로 실천해야 한다는 생각을 버리는 것이 좋다.

중간에 어떤 이유로 실패하더라도 그것을 거울로 삼아 다시금 계획을 세우고 도전하라. 답은 당신에게 있다. 실패하더라도 다시 계획을 세워 실천하면 지속할 수 있다. 그러면 반드시 성공한다. 실패할 때마다 곧바로 다시 계획을 세워야 한다는 사실을 명심하라.

자기 일이 있어야 한다.

직장이든 사업이든 노후를 잘 보내기 위해서는 하는 일이 있어야 한다.

우선 정신적으로 하는 일이 있을 때 안정감을 갖게 된다. 안점감을 갖는다는 것은 그만큼 마음의 여유를 가질 수 있다.

또 자신의 일이 있을 때 꾸준한 수입을 유지할 수 있으며, 이런 안정적인 수입을 바탕으로 할 때 재테크든 노후 대책이든 이루어질 수 있다.

예를 들어서 당신에게 자산이 10억이 있을지라도 안정적인 수입이 없으면 그 투자로부터 생기는 수익에서 생활비를 써야 하므로 안정적인 투자가 어렵다.

당신이 하고 있는 일이나 직장에서 당신의 노후는 물론 당신 가족의 미래가 달려 있음을 명심해야 한다.

Part 2

절약 없이 통장 없다

01 절약 정신이 자산관리 시작이다

우리의 조부모와 부모들이 살아온 과거에는 모두가 워낙 어려운 시절이라 근검절약이 몸에 배어 있었다. 하지만 현재는 누구나 흥청망청 쓰기 시작해 한때는 과소비가 사회의 이슈로까지 떠올랐었다.

현재도 신용카드 빚에 허덕이는 사람, 대박을 꿈꾸며 매일같이 복권을 사들이는 사람, 명품에 사족을 못 쓰는 여성들까지 자신의 분수를 잊고 사는 사람들이 많다. 그러나 이런 사람들이 우리 사회의 주를 이룬다고 말할 수는 없다.

짠돌이 되는 방법이 인터넷에 오르고 TV에서는 절약정신을 강조하는 프로그램이 있으며, 근검절약하여 부를 이룬 사람들의 이야기가 많은 사람들의 입에 오르내려 재테크의 본보기가 되고 있다.

절약을 하려면 적은 돈부터 아낄 줄 알아야 한다. 실제 부를 이룬 많은 사람들은 써야 할 돈은 액수가 많을지라도 아낌없이 쓰지만, 그 밖에는 단돈 만 원도 아끼며 근검절약하며 생활하는 것이 특징이다.

절약한다고 해서 늘 안 쓰고 살 수만은 없다. 한정된 돈을 효율적으로 쓰는 것이 중요하다. 그러기 위해서는 미리 계획하여 목록에 적은 다음 그 목록대로 지출하는 것이 합리적인 방법 중의 하나이다.

우선 푼돈이 생겼을지라도 저축부터 하는 것이 자산관리의 출발이다. 물론 조급함으로 저축을 해서 언제 부자가 되겠느냐고 말할 수 있지만 종잣돈을 만들기 위해서는 우선 저축부터 하지 않으면 안 된다. 종잣돈을 만드는 데 가장 일반적인 방법이 적금이나 적금식 펀드에 가입하는 것이다.

우리가 생활에서 꼭 필요한 지출이라고 하는 것도 곰곰이 생각해보면 '이게 정말로 필요한 지출일까?' 하는 생각이 드는 것도 있을 것이다. 따라서 무조건 안 쓰는 것이 아니라 꼭 필요한 지출은 하면서 아껴서 그 돈을 저축하는 것이 꿈을 이루는 저금통장 만드는 출발점이다.

자동차 이용 시 절약하기

자동차를 가지고 있는 사람들은 거의 동의하겠지만, 차는 그야말로 돈을 먹는 하마이다.

자동차 사용은 전체 소비의 30%는 까먹는다. 단세포 사고방식으로 대략 기름값과 세금, 보험, 점검 소요비 등 월 20~30만 원 정도 드는 것 외에 그렇게 많이 필요하냐고 할 것이다.

그러나 자동차를 단순히 출퇴근용으로만 사용하는 사람이면 모를까 레크레이션이나 여가 때에도 사용한다면 엄청난 비용이 든다. 여름철에 휴가를 가거나 1년에 한 번밖에 가지 않을 성묘도 자동차가 있으니까 몇 번 더 가게 되는 것을 감안하면 자동차에 드는 비용을 무시하지 못한다.

기름값 아끼기

따라서 유지비의 대부분을 차지하고 있는 기름값도 조금만 신경을 쓰면 최저 30%는 절약할 수 있다. 기름값을 아끼는 방법으로 다음과 같은 것들이 있다.

① 기름값이 싼 주유소를 찾는다.

기름값은 주유소마다 조금씩 차이가 난다. 일일이 돌아다니며 확인하지 않아도 집 근처 주유소들의 가격정보를 비교할 수 있는 사이트를 이용하면 된다. 대표적인 사이트가 '오일프라이스워치'(www.oilpricewatch.com)인데, 전국 시·군·구 단위로 주유소 가격정보를 제공하고 있다.

또 서울시에서 알뜰주유소를 운영하고 있는데 기름값이 싸다.

② 주유소 할인 카드를 이용한다.

체크카드 중에서 주유 할인 서비스를 제공하는 카드가 많다. 기름을 넣을 때는 가급적 현금을 쓰지 말고 이러한 체크카드를 적극 활용한다.

③ 연료를 만땅 채우지 않는다.

귀찮더라도 1~2만원 정도씩 자주 주유를 한다. 휘발유 1리터는 약 0.8kg인데 만땅을 하면 28kg의 짐을 더 싣고 달리는 것과 같다.

④ 급정지, 급출발은 삼간다.

급정지와 급출발의 습관은 약 15%의 연료낭비를 초래하고 있다. 따라서 급정지나, 급출발, 급가속은 삼가야 한다. 급출발할 때마다 약 10cc의 연료가 더 들어간다.

⑤ 주유소 카드를 이용하라.

카드 중에는 주유 할인 서비스를 제공하는 카드들이 많다. 주유를 할 때에는 현금 대신 이런 카드를 사용하여 절약하라.

세상사가 모두 양면이 있듯이, 카드 역시 잘 사용하면 돈을 모으고 활용하는 좋은 수단이 되지만, 잘못 사용하면 돈을 잡아먹는 나쁜 습관의 주인공이 된다.

요즈음에는 번 돈보다 쓰기가 쉽다. 그런 유혹을 부채질 하는 것이 카드이다. 특히 명품 구입 등 꼭 필요치 않은 것을 구입하게 만드는 주범이 카드이다. 카드를 잘못 사용하여 패가망신당한 사람들이 수없이 많다.

03 대출 이자 줄이는 방법을 생각한다

돈을 관리하고 쓸데없는 지출을 줄이는 데 노력하는 방법의 하나로 대출을 받더라도 이자를 줄이는 방법부터 생각할 수 있다. 금리가 높은 예·적금 상품에 가입하여 이자를 받는다 하더라도 대출 이자로 나가는 비용이 더 크다면 결국 돈을 버는 것에는 한계가 있다. 그러므로 무리한 대출로 금융비용을 키워서는 안 된다.

소액 대출이라 하더라도 금융비용을 최소화하지 못한다면 자산을 늘리는 데 어려움이 있다.

지출을 줄이는 방법으로 다음의 7가지 대출 재테크 노하우가 있다.

① 은행별 주택 담보대출 금리표를 만든다.

은행에 따라 대출 금리가 차이가 있으므로 이자 비용을 줄이기 위해서는 금리표를 만들고 은행의 연락처와 담당자를 함께 적어

두는 습관을 들인다. 주로 은행 연합회 사이트를 참고하지만 반드시 대출 창구 직원과 전화나 방문을 통해서 금리 내용을 확인한다.

② 대출은 담보 물건의 30%를 초과하지 않는다.

가정의 소득 수준을 감안하여 대출 비율을 결정한다. 일반적으로 집을 담보로 대출 받을 때는 집값의 30% 이내에서 대출을 받는다. 대출 금액은 기존에 저축하는 것을 유지하면서 소득의 15% 이내에서 이자 비용을 조정할 수 있어야 생활에 부담을 느끼지 않고 금융 자산을 늘릴 수 있다.

③ 금리 상승기와 금리 하락기의 금리 선택은 달라야 한다.

사실 금리를 예측하기란 힘들다. 하지만 금리의 일반적인 변화는 경제에 관심을 가지면 어느 정도는 읽을 수 있다. 금리 상승기와 하락기에는 대출을 받을 때 확정 금리로 받을 것인지, 변동 금리로 받을 것인지를 신중하게 판단해야 한다.

특히 주택 담보대출은 원금의 규모가 있으므로 금리 예측을 잘하면 대출 비용을 줄일 수 있다. 금리 상승기에는 혼합 금리가 유리하겠지만 금리 하락기에는 변동 금리를 선택하는 것이 유리하다.

④ 주거래 은행을 반드시 만든다.

은행을 거래할 때는 반드시 주거래 은행을 만든다. 주거래 은행을 통해 거래가 많아지면 수수료나 예금·적금 금리, 대출 금리 면에서 우대 혜택을 받을 수 있다. 은행에 따라 혜택은 다르지만 급여 이체나 공과금 자동이체, 아파트 관리비를 이체하는 고객에게 0.1%에서 0.5%까지 대출 금리를 깎아주기도 하므로 가급적 급여 이체하는 은행을 집중적으로 이용하는 것이 좋은 방법이다.

⑤ 대출 상환 계획을 구체적으로 정한다.

처음에 대출 받을 때의 소득 금액과 대출 기간 동안의 소득 금액을 감안하여 대출의 상환 계획을 잡아야 한다. 또한 육아 양육비, 교육비 등의 지출을 종합적으로 고려하여 대출 금액과 기간을 정해야 한다.

대출 상환 방식도 중요하다. 주택 담보대출 중 원금균등상환 방식은 초기 상환 부담이 크다는 단점이 있지만 원금이 줄어드는 것에 비례해 이자 부담도 작아진다. 원금균등상환 방식은 매달 동일액을 갚아 나가는 것으로 초기 자금 마련이 쉽지 않을 경우에 유리하다.

⑥ 마이너스 대출을 적극 활용한다.

마이너스 대출은 신용으로만 대출을 받을 수 있다. 등급에 따라 마이너스 대출 금리가 다르다. 최상위 등급에게 제공되는 연 7.7% 금리는 아니지만 마이너스 대출 금리는 연 8.2%였다.

물론 금리가 높기는 하지만 신용 대출로 급할 때 활용할 수 있고 1,000만 원 내에서 300만 원만 인출했다면 300만 원 원금에 대한 이자분만 내면 된다는 장점도 있다. 무엇보다도 마이너스 대출의 장점은 인출과 상환이 자유롭다는 점이다. 자동화기기를 통한 입·출금도 가능하다. 따라서 마이너스 통장으로 급여를 이체하면 이자 비용을 줄일 수 있다.

⑦ 제2금융권이나 카드 대출은 가급적 피하는 것이 좋다.

카드나 제2금융권은 대출 이자가 매우 높은 편이다. 제1금융권의 대출 금리에 비해 카드 대출은 2~3% 이상 높고, 상호저축은행 등 2금융권의 대출 금리는 더 높다. 이러한 대출은 결국 금융 부담으로 이어져 가정 경제에 영향을 줄 수밖에 없으므로 가급적 피하는 것이 좋다.

투자를 위한 절세 원칙 5가지

합법적이라면 세금을 안 내는 것이 최선이고 그 다음이 적게 낼수록 좋다. 위험을 무릅쓰고 투자를 해 간신히 이익을 냈지만 안 내도 될 세금을 내 원금도 유지하지 못하는 경우가 많다.

세금은 내용이 복잡해 전문가의 도움을 받는 것이 좋다. 무엇보다 중요한 것은 절세 생활이 몸에 배도록 하는 것이라고 전문가들은 조언한다.

다음은 노후 생활 자금 마련을 위해 여유 자금을 운용하는 투자자와 근로자들에게 자산관리자들이 추천하는 생활 절세 원칙 5계이다.

투자를 위한 절세 원칙 다섯 가지

우선 투자자를 위한 절세 원칙으로 다음 다섯 가지를 들 수 있다.

① 미래를 내다보는 만큼 세금을 절약할 수 있다는 것이다.

예를 들어 아파트가 아닌 주택 등 부동산을 팔 계획이 있다면 해마다 발표되는 '표준공시지가'를 잘 살펴보는 것이 좋다. 이를 토대로 소유하고 있는 부동산의 '개별공시지가'가 오를 것으로 예상되면 그 이전에 거래를 끝내고 잔금까지 받아야 한다. 기간이 지나면 인상된 개별공시지가가 적용돼 양도세, 증여세 등을 더 내야 하기 때문이다. 반대로 개별공시지가가 내릴 것으로 예측되면 거래를 기간 만료일 이후로 미뤄야 세금을 덜 낸다.

전문가는 모든 절세의 시작은 '예측'이라고 말했다. 얼마나 신경을 쓰고 예측해서 행동하는지에 따라 결과가 크게 달라지기 때문이다.

② 법이 허락한 절세 방법을 연구해야 한다.

세법은 1가구 1주택 소유자에게 양도소득세를 면제해 주는 등 특정한 조건을 갖춘 사람에게 세금을 면제하거나 줄여 주고 있었으나 2011년 하반기부터 2가구 2주택자에게도 양도세를 면제해 주고 있다. 특히 세금에 관한 법과 규정은 자주 변하므로 정부의 발표와 신문 등에 소개되는 절세 가이드 등을 꼼꼼히 챙기는 것이 좋다.

③ 세금이 없거나 적은 금융 상품에 투자하라.

주식이나 채권에 직접 투자하거나 펀드에 간접투자해서 번 증권 매매 차익에는 소득세가 붙지 않는다. 또 은행이나 증권사에서 금융 상품에 가입할 때는 같은 값이면 비과세, 세금우대, 분리과세 혜택이 있는 상품에 가입해야 한다.

④ 이자수입 시기를 연도별로 고르게 분석하라.

금융소득이 많은 사람은 한 해의 소득이 4,000만 원을 넘지 않도록 이자수입이 들어오는 연도를 분산하는 것이 좋다.

⑤ 부부간에 재산을 분할하라.

과거에는 이자소득, 배당소득, 부동산임대소득 등 자산소득은 부부간에 따로 소득이 발생해도 합해서 과세했다. 지금은 부부의 소득에 대해 각각 과세하므로 증여세가 발생하지 않는 범위 안에서 부동산과 예금 등 재산을 분할해 놓으면 소득세가 줄어든다.

SECTION 2

백세시대를 준비하는 7개의 통장

Part 1

관리가 필요한
수시 입출금 통장

01 수시 입출금 통장 효과적으로 사용하는 방법

수시 입출금 통장은 경제 활동을 하는 대한민국 사람이면 누구나 하나씩 갖고 잇으며, 또 필요한 통장이다. 또한 펀드나 연금, 보험, 적금, 카드 등 그리고 각종 공과금이 이 수시 입출금 통장을 통해서 이루어지므로 통장 정리가 가장 많이 필요한 통장이기도 하다.

이용이 빈번하고 수시로 입출금이 되기 때문에 이 통장에는 잔고가 얼마 남지 않거나 없을 경우도 많다. 그리고 이 통장에는 이자가 붙지 않거나 붙어봐야 1%도 되지 않으며 10만원 이상 타은행에 송금할 때에는 수수료가 2,000원씩 붙어서 이 통장을 사용할 경우에는 이득이라고는 없다고 생각할 수 있다. 따라서 수시 입출금통장을 사용할 때에는 무엇보다도 지혜가 필요하다.

■ 수수료 줄이는 방법을 생각하라

　수시 입출금 통장을 사용할 때에는 무조건 수수료를 줄이는 방법을 강구해야 한다. 10만 원 이상 한번 송금할 때 2,000원이면 다섯 번만 해도 1만 원이 날아가게 된다. 재테크 차원에서 줄이는 방법도 현명한 방법이므로 가급적 지출을 줄이는 방법을 생각해야 한다.

　수수료를 줄이는 가장 좋은 방법은 주 거래 은행을 지정해 활용하는 것이다. 현재 시중 은행에는 거래기간, 예금, 적금, 신탁, 투신, 대출, 현금인출기 전자금융 이용실적, 급여이체 여부, 자동이체 등록 건수, 신용카드 등의 이용실적을 총 점수로 환산하여 주거래은행을 지정한다.

# 02 월급 통장을 개설하라

현재 은행에서는 월급 통장을 개설하여 꾸준히 급여이체를 하는 고객을 가장 좋아한다. 월급 이체를 하면 신용카드, 대출, 예금, 적금, 펀드, 보험 등 꾸준한 거래가 발생하기 때문이다.

월급 통장을 개설하려면 은행에 가서 급여통장을 개설하면 된다. 은행에서 각종 수수료를 면제받기 위해서는 급여일에 매월 50만원 이상 입금하는 사람을 좋아한다. 은행에서 신청한 후 다음 달부터 면제되므로 직장에 들어갔거나 매월 정기적으로 입금이 되면 곧바로 신청하는 것이 좋다.

월급 통장의 가장 큰 혜택은 대부분 월 10회 정도로 이체 및 수수료가 면제된다는 점이다. 은행마다 나이, 기간, 기준금액 등에 따라 차이가 있으므로 각 은행의 홈페이지에 들어가 자신에게 가장 적합한 월급 통장을 발부하는 곳이 어딘지 확인해 보라.

■ 우수고객이 되기 위해 유의할 점

우수고객이 되기 위해서 유의할 점은 급여이체나 예금, 적금의 실적과 더불어 신용카드 이용실적이나 대출실적이 중요하다. 연체를 하지 않고 상환일자를 잘 지켜야 점수가 올라간다.

우수고객이 누릴 수 있는 혜택은 여러 가지가 있다. 수신금리 우대, 대출금리 우대, 은행에서 주관하는 각종 이벤트에 참여할 수 있는 혜택 등 다양하게 많다.

■ 자동이체 날짜를 잘 정하는 기술

자동이체 날을 정하는 것이 무엇이 어렵겠느냐고 하겠지만, 실제는 그렇지 않다. 돈을 다 써버린다. 그리고 금리가 낮기 때문에 수시 입출금 통장에 잔고가 있더라도 이자가 없다. 따라서 자동이체 날짜를 월급 4~5일 전으로 하는 것이 좋다. 되도록 자동이체 날 잔금이 부족하여 연체되는 일이 없도록 하기 위해 큰돈이 들어온 후 빠지도록 하는 것이 개인 신용관리에 도움이 된다.

자동이체 날짜는 정확히 기억하고 있어야 한다. 대체로 신용과 밀접한 관계가 있는 공과금이나 신용카드 대금은 급여 2일 후, 보험과 적금은 3일 후, 펀드와 가타 상품에 들어가는 돈은 매달 4~5일로 잡아두는 것이 좋다. 펀드 이체일은 매달 4~5일이 적당하다는 것이 펀드 종사자들의 일반적인 의견이다.

# 주거래 은행을 잘 활용하라

주거래 은행을 잘 활용할 줄 알아야 한다. 그러나 주거래 은행이 능사인 시대는 갔다. 예전에는 은행 문턱이 높아서 대출을 받을 때에는 주거래 은행을 찾을 수밖에 없었으나 지금은 은행 간의 경쟁이 치열하여 담보물건만 확실하면 마음대로 골라서 은행을 선택할 수 있다.

그러나 신용대출인 경우에는 주거래 은행을 상대할 때는 대출심사 과정이 간편하고 금리 혜택을 받을 수 있다. 그렇다고 해서 연체를 하거나 상환일자를 지키지 않는 등의 행위를 해서는 안 된다.

그럴 경우 등급을 내리거나 혜택을 취소할 수 있다.

우수고객이 되기 위해서 유의할 점은 급여이체나, 예금, 적금의 실적과 함께 신용카드 이용 실적도 중요하다. 연체를 하지 않고 점수가 올라가고 우수고객이 누릴 수 있는 혜택을 받을 수 있다.

우수고객이 누릴 수 있는 혜택은 수수료 우대 혜택 이외에 수

신금리 우대나 대출 금리 우대, 콘도 할인 혜택, 은행에 주관하는 각종 이벤트에 참석할 때 제공하는 우선권이나 할인 혜택 등이 있다.

■주거래 은행의 우수고객이 되는 방법

① 급여통장을 개설하라.
② 각종 공과금, 적금, 대출이자, 카드 결제 등을 월급 통장에서 자동이체하라.
③ 대출이자 상환이나 카드 결제 등을 연체하지 마라.
④ 계열 금융회사와 거래하는 것도 포인트에 합산된다.
⑤ 쓸데 없는 거래를 자제하고 통장 하나에 집중하라.

은행 이용 시 절약하기

환전 재테크

① 인터넷뱅킹으로 시간과 돈을 절약하자.

예전에는 은행에 가야만 입금이나 출금이 가능했다. 그리하여 은행창구에서 차례를 기다려 쓸데없이 시간을 낭비해야만 했다. 그러나 오늘날 인터넷뱅킹으로 인해 굳이 은행에까지 가지 않아도 입출금이 가능해졌다.

따라서 요사이 인터넷뱅킹을 재테크와 시테크의 절묘한 만남이라고까지 부른다. 이제 인터넷뱅킹을 통해 시간을 절약함은 물론 수수료까지 저렴하여 일석이조라고 할 수 있다. 인터넷뱅킹을 이용하려면 은행에 가서 전자금융 사용신청서를 작성하여 제출하면 된다.

② 은행의 환전 이벤트를 챙긴다.

여름철마다 각 은행에서 하기 이벤트를 준비한다. 이때 이를 잘 활용하여 여름휴가 보험이나 각종 선물 등을 받는다.

은행 수수료 아끼기

① 우체국 연계은행을 찾으면 가능하다.

외환은행과 시티은행 고객은 급히 돈을 찾아야 하는데 부근에 해당은행이 없다면 우체국을 이용하면 된다. 우체국 창구에서 통장을 내고 돈을 인출하거나 예금을 하면 수수료가 없다. 은행 간에 협약을 맺고 있기 때문이다. 하지만 창구가 아닌 현금인출기를 이용하면 수수료를 내어야 한다. 따라서 외환, 시티은행 고객은 은행이 쉬는 토요일에 우체국에서 거래를 하면 수수료를 아낄 수 있다. 우체국도 토요일 휴무이다.

② CMA와 적립식펀드를 병행 가입한다.

대부분의 종금사와 증권사들이 CMA를 발행하고 있는데, 증권사나 종금사들은 은행에 비해서 지점 수가 훨씬 적기 때문에 기존의 1금융권 은행들과 협약을 맺어서 CMA를 만들 때를 제외하고 그 후의 현금거래는 일반은행에서 가능하도록 하고 있다. 더불어 증권사와 종금사는 자기가 판매하는 적립식 펀드에 가입하면 인터넷뱅킹과 은행 업무 시간 외의 인출수수료를 면제해준다.

당신 인생의 3분의 1이 노후임을 생각하라.

100세대를 맞아 한국인의 평균취업 28세이고, 평균퇴직 연령은 57.4세이다. 그리고 남자 평균 수명이 85세이고, 여자 평균 수명은 90세이다. 그렇다면 부부가 사망할 때 까지 평균적으로 26년은 살게 된다.이 26년은 평균수명의 3분의 1이되는 셈이다. 따라서 당신의 노후는 전체 수명의 3분의 1이 되는 셈이다.

이러한 시대의 변화를 생각할 때 노후는 여생일 수가 없다. 오히려 새로운 인생을 보낼 수 있는 전환점이라고 생각하는 것이 타당하다. 이제 노후는 '덤'으로 주어진 것이 아니라 적극적으로 살아야 하는 제3의 인생이 되는 것이다.

이제 제3의 인생인 노후를 어떻게 보내느냐 하는 것은 오로지 현재의 당신이 생각하고 행동하기에 달렸다.

64

Part 2

불황에도 끄떡없는
예금, 적금통장

01 저금통장을 만드는 최선의 방법, 저축

100세 시대를 준비하기 위한 저금통장을 만들기 위해서는 푼돈이라도 모으지 않으면 안 된다. 저축을 우선 목표로 했을 때는 종잣돈 1천만 원을 만들겠다는 생각을 하라. 보통 사람이 1천만 원을 만들려면 저축하는 방법밖에 없다.

당신의 소득에서 최대 저축 가능성을 정한 다음 가능한 범위 내에서 저축하는 습관을 기르는 것이 제일 좋은 방법이다.

보통 사람이 1천만 원을 만드는 지름길은 다름 아닌 절약이다. 수입의 한계가 있는 상황에서 절약하지 않고 1천만 원을 만들기는 불가능하다. 결국 벌이의 규모보다는 얼마를 어떻게 모으느냐가 중요하다.

모을 때는 우선 목표를 정해야 하며, 최초에는 1천만 원을 모으는 것을 목표를 정하라. 최소한 1천만 원은 있어야 투자에 종잣돈을 마련할 수 있기 때문이다.

처음 계획을 세울 때 금액을 모으는 기간은 가장 짧게 잡는 것이 좋다. 기간을 너무 길게 잡으면 중도에 포기할 위험이 그만큼 크기 때문이다.

당신이 봉급자로서 1년의 총소득액이 3천만 원이라면 당신의 의지에 따라 1천만 원은 8개월이면 모을 수 있다. 반드시 1년 단위로 정해야 하는 것은 아니므로 당신의 월 평균 소득액인 250만 원의 절반인 125만 원을 매월 적립한다면 원금 1천만 원에 이자 22만 5천 원을 받을 수 있다.

여기서 중요한 것은 이자가 많고 적음이 아니라 1천만 원이 모였다는 사실이다. 이렇게 매달 모아서 투자의 기틀이 되는 종잣돈을 마련했다는 사실과 함께 노후를 준비하고 있다는 사실이 무엇보다도 당신의 마음을 벅차게 할 것이다.

만일 당신이 월급쟁이라면 월급으로 투자의 기반을 마련해야 되는 것이다. 월급으로 저축할 때 한 달 월급만 생각하지 말고 1년 동안 들어온 소득의 전부를 12개월로 계산하여 그것에서 40% 또는 50%를 저축하려고 계획을 세우는 것이 합리적인 방법이다.

# 목표에 맞는 상품을 선택한다

　돈을 모으는 목표가 정해졌으면 그에 맞는 상품을 선택하는 것이 중요하다. 또한 저축기간도 고려하여 실제 자금이 필요 한 때에 맞추어 만기를 정하도록 해야 한다.

　저축에도 요령이 있다. 우선 만기 수령액이 더 많은 상품에 가입한다. 꿈을 이루는 저금통장을 갖기 위해서는 한 푼의 이자가 아쉽다.

　이자율이 같더라도 이자소득에 대한 세금이 있느냐 없느냐에 따라 만기 수령액이 큰 차이가 난다. 그렇기 때문에 세금이 면제되고 연말 정산 시 소득공제 혜택까지 받는 비과세 상품이 큰 인기를 얻고 있는 것이다.

　저축 상품 중에는 금리와 세금혜택, 가입 기간 등을 고려할 때 장기주택마련저축 등 비과세상품에 가입하는 것이 좋다.

　한 푼의 이자라도 더 받기 위해서는 제2금융권의 틈새 상품에도 관심을 가지도록 한다. 제2금융권에서 취급하는 상품은 안전성

면에서는 은행상품보다 뒤지지만 현행 예금자 보호제도를 잘 활용하면 안전성과 수익성을 동시에 얻을 수 있다.

보통 사람으로 종잣돈 만들기에 적합한 저축상품으로는 다음과 같은 것이 있다.

① 생계형 저축

생계형 저축은 아무나 가입할 수 없다. 하지만 주변 사람 중에 이 저축에 가입할 수 있는 사람이 있을 수도 있으므로 알아두는 것이 좋다. 가입 조건은 60세 이상 노인, 장애인 복지 법 규정에 따라 등록된 장애인, 독립유공자 예우에 관한 법률에 따른 독립유공자와 그 유족 또는 가족, 국가 유공자 등 예우 및 지원에 관한 법률의 규정에 의해 등록한 상이자, 생활보호 대상자이며 저축액이 1인당 3천만 원이 넘지 않아야 한다.

이 상품은 100% 비과세 상품이다. 이 상품은 대부분의 금융기관의 상품에 적용된다. 앞에서 언급한 비과세 상품들은 그 상품에 가입해야만 비과세 혜택을 받지만, 생계형 저축은 일반 과세 상품도 이와 같은 가입 요건을 가진 사람이 가입하면서 비과세 신청을 하면 비과세가 되므로 훨씬 편리하다. 은행, 제2금융권 할 것 없이 모두 적용된다.

② 장기저축보험

장기저축보험은 자금에 여유가 있고 장기적으로 투자하기를 원하는 경우에 적합한 상품이다. 보험회사에서 취급하며 누구나 가입할 수 있다. 다만, 7년 이상 불입해야 비과세 혜택이 있으므로 여유 자금을 장기간 운용할 때 좋은 상품이다. 만일 이전에 가입한 상품이 있고 추가로 불입할 수 있다면 해지하지 말고 꾸준히 불입하는 것이 좋다. 특히 이 상품은 금융자산 규모가 커서 금융소득 종합과세에 해당될 우려가 있는 사람들이 가입하면 높은 절세효과를 볼 수 있다.

생계형 저축보험의 경우 가입한 날로부터 10년이 지나야 보험차익에 대해 비과세 혜택을 받는다.

③ 제2금융권 상품

제2금융권의 상품은 이자소득세는 모두 감면되고 이자 중 1.5%만이 농특세로 원천징수되므로 사실상 절세 상품과 같다. 이러한 상품을 취급하는 금융기관은 신용협동조합과 새마을금고이다. 금융기관이 작고 지점 수가 많지 않아 편리성이 떨어질 수도 있으므로 거래의 편의성을 고려하여 가입 여부를 결정하는 것이 좋다. 최대 2천만 원까지 절세 효과가 있으므로 절세를 위한 투자라면 1인당 3천만 원을 넘지 않게 하는 것이 좋을 듯하다.

'세금우대종합저축'은 세율 9.5%를 적용받는다. 20세 이상 성인이면 누구나 가입할 수 있으나 1년 이상 예치해야만 절세 혜택을 받을 수 있다. 가입 한도는 1인당 1,000만 원이고 이자 소득세 9%와 농특세 0.5%가 적용된다.

종잣돈 모으기 10계명

01.종잣돈 모으기는 최대한 빠르면 빠를수록 좋다.

02.아이가 생기기 전까지 최대한 저축률을 60%까지 높여라.

03.저축할 돈을 제외하고 소비규모를 조절하라.

04.계획은 부부가 함께 세워라.

05.종잣돈 계획을 1년 단위로 점검하고, 성과를 측정하라.

06.금융상품 가입 비중을 최대한 늘려라.

07.목표 기간과 자금용도를 고려하여 만기 시점을 적절히 배치하라.

08.계단식 저축을 원칙으로 삼아라.

09.투자 상품들의 비중을 적절히 조합하라.

10.종잣돈 모으는 단계에서는 수익률보다 안정성을 고려하라.

저축은행을 이용하자

저금리 시대에 부지런히 찾아다니고 검색하여 하루를 맡겨도 한 푼이라도 더 주는 곳을 찾아서 예치하는 것이 저금리 시대에 올바른 재테크 방법이다. 꿈을 이루는 저금통장 소유자가 되기 위해서는 한 푼이라도 더 받는 곳을 찾아야 하는 것은 당연하다.

작년(2011년) 부산저축은행을 위시해서 16개 저축은행이 문을 닫았고, 아직도 6개 저축은행이 심사 중이다. 저축은행이 이제 부실은행의 대명사가 되었다.

그럼에도 불구하고 이자 한 푼이라도 더 주는 은행을 찾을 수밖에 없는 상황에 저축은행을 이용하지 않을 수 없다.

상호저축은행이 시중은행에 비해서 높은 이자를 주는 만큼 높은 수익을 내기 위해 좀더 위험한 운용을 하고 있다고 할 수 있다. 따라서 안전을 위해서 1년 적금에 가입하고 경영상태를 감안해 1년을 연장해 나가는 식으로 하는 것이 좋다.

그것이 아니면 다른 방법으로 이자 지급식을 선택하고 5,000만

원을 선택하기보다는 4,500만 원을 맡기는 것이 현명하다. 예금자
보호법은 원금과 이자를 합쳐 5,000만 원을 보장하기 때문에 5,000
만 원을 예치했다가는 이자는 못 받을 수 있기 때문이다. 4,500만
원이 넘게 되면 가족 명의로 분산하는 것이 좋다.

■상호저축은행을 선택할 때 주의할 점

① BIS 자기자본비율 8% 이상
'BIS 자기자본비율'은 상호저축은행 및 시중은행의 건전성을
나타내는 가장 대표적인 기준으로, 위험자산(부실채권)을 대비한
은행의 자기자본 비율이다. 보통 위험 자산에 대하여 8% 이상의
자기자본을 가지고 있어야 금융기관의 문제성이 없다고 한다. 그
런데 지난해 사회적으로 큰 문제가 되었던 부산저축은행들은 거
의 이 비율에 미치지 못하고 있었던 것이다.
따라서 상호저축은행을 고를 때는 예금, 적금의 이자율과 더불
어 상호저축은행의 홈페이지나 상호저축은행 중앙은행 홈페이지
에 들어가서 이 비율을 확인해야 한다. 비율이 높으면 높을수록
건전성이 좋다는 뜻이다.

② 고정 이하 여신 8% 이하
고정 이하 여신 비율은 전체 대출 가운데 연체 대출기간이 6개
월을 넘긴 대출의 비율을 말한다.
일반적으로 고정 이하 여신 비율이 8% 이하이면 상대적으로

안전하다고 볼 수 있다. BIS 자기자본 비율과 달리 높으면 높을수록 자신의 건전성이 떨어지고 파산할 가능성이 높기 때문에 고정이하 여신 비율도 반드시 확인해야 한다. 확인하는 방법으로는 BIS 자기자본비율을 확인하는 방법과 같이 하면 된다.

04 적금 규모 선택 시 고려할 사항

목돈을 마련하려는 계획을 세울 때는 대부분 적금 상품을 선택한다. 그러나 당신 마음에 꼭 드는 적금 상품을 선택하기가 쉽지 않다. 하지만 조금만 관심을 기울이면 생각보다 큰 이익을 볼 수 있는 것이 적금 상품이다.

당신이 적금을 중도에 해지하거나 더 이상 불입하지 못하고 마는 사태를 피하기 위해서는 먼저 어느 정도 규모의 적금을 불입하는 것이 좋은지에 대해 생각해야 한다. 자신에게 적합한 적금 규모를 선택할 때 고려할 사항들을 정리하면 다음과 같다.

첫째, 5년에서 10년 안의 명확한 목표를 선정할 필요가 있다.

주택을 구입하거나 사업을 시작하거나 은퇴를 하는 등의 중대한 재정적 변화에 대한 계획이 있는지를 고려해야 한다. 미래를 정확히 예측할 수는 없어도, 구체적인 목표 정도는 세우는 것이 좋다.

둘째, 대출금이 있는 경우에는 대출금 상환을 우선한다.

다만, 적금과는 달리 정기적으로 상환하는데 절차상 번거로움이 있을 수도 있고, 자신의 성격이나 습관이 돈 관리를 잘 하지 못하는 경우에는 강제 저축을 하기 위해 비효율적이더라도 적금을 병행하는 것이 더 효과적일 수 있다. 즉, 대출금을 갚아 나가면서 자꾸 연체하거나 제때에 불입하지 못하는 사람이라면 반드시 자동이체 제도를 이용하거나 아예 적금을 불입한 후에 목돈으로 대출금을 상환하는 것이 좋을 수도 있다.

셋째, 가계 월수입의 22%는 어떤 형태로든 적립해야 한다는 원칙을 지킨다.

대출금 상환도 포함되는 규모로서, 이 정도를 저축하지 못한다면 부자 되기가 힘들다고 생각한다.

소득이 적은 것도 문제이지만 소비가 많은 것은 더 문제이다. 원인이야 어찌되었든 수입의 22% 이상을 유지해야 한다.

넷째, 써야 할 시기가 정해져 있다면 이 기간을 넘지 않도록 적립한다.

장기 저축이 금리가 높고 혜택이 많더라도 어쩔 수 없다. 우선적으로 지출이 예정된 항목이 있으면 모든 적금을 하나의 상품으로 하지 말고 불입 기간에 맞는 상품과 규모를 정한 다음, 나머지 자금은 가장 효과적인 상품으로 가입한다.

다섯째, 특별한 사용처가 없으면 5년 이상의 장기 상품에 여유 자금의 50%를, 그 외의 상품에 50%를 불입한다.

적금 상품은 목돈 운용 상품과는 달리 지속적으로 불입하는 것이 핵심이다. 너무 단기로 치우치면 금리도 낮을뿐더러 만기되었을 때 써버릴 확률 또한 높아 실제로 자산을 축적하기가 어렵다.

05 단기 금융상품으로 돈 불리기

요사이 단기 금융상품에 대한 관심이 다시 높아지고 있다. 짧은 기간을 돈을 맡기면서도 언제나 넣었다 뺄 수 있고, 적지 않은 이자를 받을 수 있는 장점 때문이다. 백세를 준비하기 위한 통자의 조건으로 한 푼이라도 이자를 더 주는 상품이어야 한다.

대표적인 단기 금융상품으로 수시입출금식예금(MMDA)과 머니마켓펀드(MMF)가 있다. 이들 상품은 금리가 확정되는 상품이 아니라 시장 실세금리를 반영하는 상품이라는 것과 여유자금을 짧은 기간에 운용할 때 적합한 상품이라는 공통점이 있다.

MMDA(Money Market Deposit Account)는 은행이나 농협, 수협 등에서 주로 취급하는 상품이다. 머니마켓이란 콜 시장이나 어음할인시장 등 단기금융시장을 일컫는다. 따라서 MMDA를 글자 그대로 해석하면 단기금융시장 예금계정 정도로 풀이할 수 있다. 시장 실세금리를 주며 언제든지 돈을 넣고 뺄 수 있는 예금통장이라는 의미다.

입출금이 자유로우며 가입 시 이자를 몇%를 주겠다는 약정을 하는 것이 아니라 잔액이 얼마나 남아 있는지에 따라 가산되는 금리의 차이가 나도록 되어 있다.

시장 실세금리를 반영한 고금리와 수시입출금 및 각종 이체, 결제 서비스를 제공함으로써 짧은 기간 동안 목돈을 운용할 때 유리한 예금 상품이다.

반면 MMF(Money Market Fund)는 증권회사나 투신사의 대표적인 단기금융 상품이다. 주로 단기채권, 기업어음(CP), 양도성예금증서(CD), 잔존 만기 1년 이하의 국채 및 통화안정증권 등과 같이 주식을 제외한 단기 유가증권에 투자를 한다.

가입 금액의 제한이 없고 환금성이 높은 데다 시중 실제금리 수준의 수익을 올릴 수 있어 소액 투자는 물론 언제 쓸지 모르는 단기자금을 운용하는 데 유리한 저축 수단으로 꼽힌다. 최저 3.5%에서 최고 4.%의 이자가 지급된다. 중간 환매가 가능하며 입출금이 자유롭다는 것이 장점이다. 일반적으로 MMDA보다 1~2% 이자를 더 준다. 다만 신탁상품이기 때문에 원금 손실 가능성이 있으며 예금자 보호 대상이 아니라는 점이 MMDA와 다르다.

복리의 상품을 선택하자

복리란 무엇인가?

자산관리 원칙 중 '장기투자에 있어서는 이자 계산 방법에 유의하라.'는 말이 있다. 이것은 장기투자를 하게 되면 기간에 따른 이자 계산을 단리로 할 것인가, 복리로 할 것인가에 따라 결과가 엄청난 차이가 있기 때문이다. 즉, 장기투자의 매력은 이자에 이자가 붙는 복리 효과를 기대하는 것이므로 장기 상품을 고를 때는 복리로 계산하는지를 따져봐야 한다.

단리와 복리이자 계산 사례

예를 들어 당신이 원금 10,000원에 이자가 연 10%라면 이자율이 1,000원이 이자로 지급되고, 그 다음 해에는 현금과 이자가 11,000원에 대한 10% 이자인 1,100원을, 그 이듬해에는 원금과 이

자 12,000원에 대한 이자인 1,210원을 받을 수 있다

이때 10원은 이전의 이자로 지급받은 100원에 대한 이자인데, 이러한 방법을 복리법이라 한다. 물론 연간, 6개월간 혹은 다른 기준에 의하여 지급받을 수 있다.

이와 대비 개념인 '단리'와 차이점을 보면 다음의 결과로 알 수 있다.

복리= '원금과 이자'에 이자가 반복적으로 발생한다.
단리= '원금'에 대해서만 이자를 받는다.

원금1,000만 원을 5%의 이율로 10년간 저축했을 때

구분	투자금액	이자	회수 금액	비고
복리	1,000만 원	628만 원	1,628만 원	1,000만 원×(1+0.005)10
단리	1,000만 원	500만 원	1,500만 원	(1,000+1,000×0.05×10)
복리와 단리의 차이		128만 원		투자금액이 클수록, 투자기간이 길수록 차이 폭이 큼

단리와 복리의 차이가 10년 사이에 25% 이상의 차이가 나는 것을 알 수 있다. 따라서 장기투자에 있어서는 복리 상품이 매우 유리하다는 것을 알고 상품을 꼼꼼히 살펴본 후에 가입하도록 한다.

복리 상품을 고르자

학창시절 수학시간에 면적을 계산할 때 항상 제곱이라는 수치

를 넣어 계산했다. 복리 또한 그런 이치로 시간이 흐름에 따라 단리와 달리 제곱의 힘은 무섭다는 것을 알게 될 것이다.

따라서 은행이나 상품을 파는 금융기관에서 모두 복리로 계산해주는 것은 아니다. 그러므로 당신이 상품을 구입할 때마다 직접 확인을 해야 알 수 있는 것이다.

대부분 월 복리보다는 연 복리 개념을 적용한 상품들이 있는데, 이것은 매년 이자를 한 번 정산하고 정산된 이자를 다시 원금에 가산하여 다음 해 이자를 계산하는 것이다.

가능한 월 복리 상품이나 연 복리 상품을 선택하여 노후를 대비하는 것이 좋다.

적금과 예금을 활용하는 지혜

수익보다는 안전이 우선이고, 좀더 벌려고 위험한 길을 택하기보다는 그저 안전 제일주의인 사람은 적금과 예금에 투자하는 것이 좋다. 예금과 적금은 수익률이 적지만 안전하게 돈을 굴릴 수 있는 것이 최대의 장점이다.

예금은 한 마디로 말해 은행에 자신의 목돈을 한꺼번에 넣어놓고 약정한 이자를 매달 지급받는 것이다. 반면에 적금은 은행에 매월 약속한 금액을 정해진 기간까지 정기적으로 불입하여 이자를 받는 금융상품이다.

적금의 목표는 목돈을 만든 것이기 때문에 가급적 6개월에서 1년이 적당하다. 짧게 가입하고 불입금액을 높여서 목돈을 만든 후 금리가 높은 예금에 복리로 넣는 것이 돈을 모으는 지혜다. 따라서 적금은 가급적 월급 통장에서 이체로 하고, 예금은 5,000만 원 미만인 경우 상호 저축은행에 가서 꼼꼼히 따진 후 복리로 가입해서 높은 이자를 받도록 한다.

■예금, 적금통장이 필요한 이유

저축의 목적과 기한 못지않게 중요한 것이 위험 분산이다. 수익성이 높다는 것은 거꾸로 말해 위험이 높다는 뜻이다. 따라서 아무리 수익이 높더라도 한 곳에 올인하면 위험이 높다.

예금, 적금은 다른 투자대상에 비해 수익률이 낮은 반면에 어느 상품보다도 안전한 것은 가장 확실하다. 따라서 예금, 적금은 수익성이 크게 떨어지지만, 안전성이 보장되고, 작지만 수익률이 보장된다.

금융상품을 선택할 때에는 가장 중요한 것이 저축하는 목적과 기간이다. 예금을 하든 적금을 하든 만기가 되면 그 돈으로 무엇을 할 것인가와 언제 그 돈이 필요한가에 대해서 확실히 아는 것이 중요하다. 만일 단기로 1년~2년 정도의 재무 목표를 채우기 위해서라면 은행의 예금, 적금을 이용하는 것이 좋다.

08 적금 가입으로 교육비 마련 하자

한국교육개발원의 지난 2006년 조사에 따르면 유치원에서 대학 교까지 자녀 1인당 교육비는 약 1억 원 정도이며, 이 중 대학 교육자금이 절반 이상을 차지했다.

당신이 정상적으로 살아온 사람이라면 앞으로 멀지 않아서 중학교와 초등학교에 다니는 두 아이의 아버지가 될 것이 분명하다. 그렇다면 위의 사실에 민감하지 않을 수 없을 것이다. 교육비 부담이 갈수록 커지고 있기 때문이다. 특히 당신이 걱정해야 하는 것은 자녀들이 대학에 입학할 때다. 전체 교육비의 절반 이상이 대학 교육비로 들어간다고 하는데, 지금이야 회사생활을 통해 안정적인 수입을 확보하고 있어 큰 무리가 없지만 앞으로 자녀들이 대학에 들어갈 때쯤 돼서는 상황이 달라질지도 모른다.

실제로 몇 년 후 큰아이가 대학에 들어가게 되고 그로부터 2년 후에는 작은아이도 대학에 진학한다. 이때가 되면 당신의 나이는 50대. 작은아이가 대학을 졸업해 학부형 역할이 끝나려면 50대 후

반에 들어가게 될 것이다. 하지만 지금 분위기로 봐서는 그때까지 직장생활을 계속할 수 있을지 도무지 어느 누구도 자신할 수 없을 것이다.

자산관리 전략을 세울 때는 중요하고 금액이 큰 것일수록 미리부터 준비하는 것이 최선의 방법이다. 특히 교육비는 다른 항목과 달리 사전에 필요한 시기와 소요되는 금액을 추정할 수 있다. 미리 준비할 수 있는 시간적인 여유가 주어지는 것이다.

미루면 미룰수록 한꺼번에 더 큰 부담으로 돌아온다는 것을 생각한다면 목표 금액과 주어진 기간을 토대로 하루라도 빨리 계획을 세우고 추진하는 것이 효과적이다.

앞의 사례를 통해 교육비 목표 금액 계산과 이를 마련하기 위한 과정에 대해 살펴보자.

목표 금액부터 정하라

먼저 달성하려는 목표 금액을 설정해야 한다. 당신은 두 자녀에 대한 대학 교육비 마련을 목표로 해야 하며, 앞서 조사 자료를 근거로 자녀 1인당 5,000만 원씩 자녀들이 대학에 입학할 때까지 마련하는 것을 최종 목표로 삼아야 한다.

따라서 큰아이 학자금은 앞으로 6년간, 작은 아이 학자금은 8년간에 걸쳐 준비한다는 것이 당신의 합리적인 계획일 것이다. 이때 목표 금액과 관련해 고려해야 할 부분이 물가 상승률이다. 예를 들어 지난해 소비자 물가 상승률이 3% 수준임을 감안해 향후 물가 상승을 예상한다면 지금 5,000만 원은 6년 후에는 5,970만 원, 8년 후에는 6,330만 원과 같은 가치가 된다. 그렇기 때문에 두 자녀 대학 교육비 목표액도 각각 5,970만 원과 6,330만 원을 목표로 추진해야 한다.

그러면 지금부터 얼마씩 저축해야 목표로 하는 교육비를 장만할 수 있을까?

가장 일반적인 적금상품(이율 연 5% 가정)으로 저축한다고 했을 때부터 따져보자. 이 경우 첫 아이 대학 교육비 목표 금액인 6년 후, 5,970만 원을 만들기 위해서 6년간 매월 73만 원씩 저축해야 한다. 저축 금액을 매년 달리 해서 물가상승분만큼 늘려간다고 하면 첫해 저축금액은 58만 원으로 다소 줄어든다.

둘째 아이 교육자금도 같은 방식으로 계산할 수 있다. 둘째 아이 교육비 목표 금액은 8년 후 6,330만 원이다. 따라서 이 금액을 연 5% 이율의 적금상품으로 마련하는 경우라면 매월 56만 원씩 저축하면 된다. 이와 달리 매년 저축금액을 늘려갈 경우에는 첫해 저축금은 월 51만 원이 된다. 결국 두 자녀 교육비 목표 금액을 위해 당신은 매월 129만 원(고정식)이라는 적지 않은 금액을 저축해야 한다.

노후 준비, 늦으면 늦을수록 부담이 더 크다.

노후준비 계획은 빨리 하면 할 수록 좋다는 것은 노후준비의 실천에서 최고의 수칙이라고 할 수 있다. 노후준비는 빨리할수록 부담을 적게 시작할 수 있으나 늦을수록 부담을 크게 시작해야 한다. 따라서 노후를 위한 저축은 빨리하면 할수록 더 좋은 대책은 없다.

예를 들어서 당신이 노후를 위해서 5억을 목표로 적금에 들었다고 하자. 그리고 연령별로 그 차이를 보면 알 수 있다. 25세에 시작한다면 필요저축액이 12억 1,363만 원을 목표로 하면 되지만, 만일 40세에 시작한다면 필요저축액으로 6억 7,196만 원을 저축해야만 현재의 물가 상승률로 볼 때 5억원을 준비할 수 있다.

따라서 노후 대비는 나이 들어서 시작하는 것이 아니라 나이 들기 전에 시작해야 한다.

Part 3

내 집 마련의 기본, 청약통장

 내 집 마련의 필수품 청약 통장

꿈을 이루는 저금통장의 세 번째 통장은 청약통장이다.

아파트를 사려고 할 때 크게 두 가지 중에 하나를 선택하게 된다. 즉 하나는 기존 아파트를 사는 것이고, 다른 하나는 새 아파트를 분양 받는 것이다.

기존 아파트를 살 때는 대출을 받더라도 목돈이 들어가므로 돈도 없고 땅도 없는 보통 사람들에게는 부담이 크다. 하지만 분양을 받으면 청약통장과 계약금만 있으면 한 번에 목돈을 준비하지 않아도 되는 이점이 있다. 따라서 일정한 소득이 보장되는 직장인이라면 중도금을 대출 받아 원금과 이자를 갚아 나가는 방법으로 내 집 마련을 준비할 수 있다. 따라서 내 집 마련의 첫걸음은 청약통장에 가입하는 것이다.

청약통장은 청약부금과 청약예금, 청약저축으로 나뉜다. 청약부금과 청약예금으로는 일반 민간 건설아파트, 청약저축으로는 주택공사나 각 시도의 도시개발공사가 지은 아파트를 분양 받을 수 있다. 청약부금과 청약예금은 시중은행 어디서나 만 20세 이상이면 누구나 가입할 수 있다. 반면 청약저축은 반드시 국민은행에서만 가입할 수 있다.

청약통장은 전국 은행을 통해서 1인 1개의 통장이 가능하며, 청약저축은 무주택 세대주만 가입할 수 있다. 청약통장의 연 이율은 보통 통장보다 높은 편이며, 소득공제 혜택을 받을 수 있다.

 청약통장의 종류

청약통장은 청약예금, 청약부금, 청약저축 세 가지로 나뉜다. 각 통장마다 돈을 예금하는 방법뿐만 아니라 청약할 수 있는 아파트의 종류가 다르다. 통장 가입 조건 역시 다르기 때문에 자신이 청약하고자 하는 종류의 주택이더라도 해당 청약통장 가입 조건에 맞지 않으면 가입할 수 없다. 게다가 청약통장은 전 금융기관을 통틀어 청약예금, 청약부금, 청약저축 가운데 한 사람이 한 계좌만 가입할 수 있다. 따라서 청약통장 선택은 자기가 설정한 목표에 맞춰 신중하게 해야 한다.

많은 사람들이 청약통장에 가입해야 한다고 생각하지만, 청약통장별 특성과 사용처를 자세히 알고 있는 사람은 별로 없을 거다. 각각의 차이점을 분명히 알아 둬야 나중에 후회하는 일 없이 자신의 조건에 맞는 청약통장을 선택할 수 있다. 따라서 세 가지 청약통장을 정확하게 구분하는 것부터 시작해야 한다.

■청약예금

청약예금은 일정한 가입금을 한 번에 통장에 예치한 뒤 일정 기간이 지나면 해당 지역에서 건설되는 민간아파트에 청약할 수 있는 자격을 주는 청약통장을 말한다.

도시에 거주하는 만 20세 이상의 국민이면 누구나 가입할 수 있다. 특히 몇 백만 원 이상의 여윳돈을 가지고 있으면서 일반 민간아파트를 분양 받으려는 사람이나, 좀 더 큰 주택이나 아파트로 집을 옮기려는 사람에게 유용하다.

여기서 일정 금액의 예치금, 즉 청약예금 가입금액은 지역에 따라, 청약하고자 하는 아파트 크기에 따라 많은 차이가 난다. 바꿔 말하면 예치금액에 따라 분양 가능 평형이 달라진다는 뜻이다. 그러므로 자신이 살고 있는 지역에서 어떤 크기의 민간아파트를 분양 받을 것인지 미리 정한 뒤 해당 평형에 맞는 금액을 예치해야 한다. 예를 들어 서울이나 부산 등 대도시의 경우 전용면적 135㎡ 이상의 대형 아파트를 분양 받으려면 1,500만 원 이상을, 85㎡ 이하의 소형 아파트를 분양 받으려면 300만 원 이상을 예치해야 한다.

여기서 한 가지 유의할 점이 있다. 큰 평수의 청약예금에 가입한 경우 그보다 작은 평수의 아파트도 청약할 수 있다는 사실이다. 예를 들어 전용면적 102㎡ 이하 통장에 가입한다면 전용면적 102㎡ 이하는 물론 전용면적 85㎡ 이하 주택도 청약이 가능하다. 하지만 기타 평형에 가입한 경우는 그 평형에 해당하는 아파트만 청약이 가능하다. 따라서 전용면적 85m² 이하의 아파트뿐만 아니라 102m² 이하의 청약예금에 가입하는 것이 두루두루 청약 기회가 높을 것이라고 섣부르게 판단해서는 안 된다. 왜냐하면 85m² 초과 102m² 이하에 해당하는 중형 아파트의 경우는 분양 물량이 상대적으로 많지 않기 때문에 괜히 목돈을 묶어 두는 결과를 낳을 수도 있기 때문이다.

■ 청약부금

청약부금은 다달이 5만 원부터 50만 원까지 형편에 따라 자유로이 납입하는 청약통장을 말한다. 가입 후 2년 이상 지나고, 총 납입한 금액이 지역별로 정해진 예치금액을 넘기면 민간에서 건설하는 전용면적 85m² 이하의 소형 아파트만 청약할 수 있다.

가입 대상은 청약예금과 마찬가지로 만 20세 이상 국민이면 누구나 할 수 있다. 특히 목돈이 부족한 사회 초년병이나 결혼을 앞둔 사람들은 큰 아파트보다는 작은 아파트 마련부터 시작하는 것이 현실이고, 가입 시 부담이 적기 때문에 유용하다.

■ 청약저축

앞서 본 청약예금과 청약부금은 납입 방식과 청약 가능한 평수에 차이가 있다만 모두 민간에서 건설하는 아파트에 청약할 수 있다는 점은 같다. 지금 살펴볼 청약저축은 주택공사나 SH공사 등 공공기관에서 짓는 소형 아파트, 흔히 주공아파트라고 하는 국민주택에 청약할 수 있는 유일한 청약통장이다. 앞서 살펴본 대로 국민주택은 무주택 서민에게 내 집 마련의 기회를 주기 위해 만든 공공건설주택이다. 따라서 이를 위해 만든 청약저축은 가입 시 상대적으로 부담이 적은 대신 가입 조건이 까다롭다.

구체적으로 살펴보면, 납입 방법은 매달 2만 원에서 10만 원 사이에서 자유롭게 납입할 수 있어 부담이 가장 적다. 국민주택에 청약하려면 저축액이 많고 적음과 상관없이, 납입 횟수가 24회 이상이어야 한다. 물론 동일한 순위 경쟁에서는 납입 총액이 많을수록 유리하므로 가급적 최대치인 10만 원을 불입하는 것이 좋다.

그런데 청약저축에 가입하려면 만 20세 이상 국민 가운데 '무주택 세대주' 이어야만 한다. 이 말은 청약예금이나 청약부금은 한 세대 내에서 성인이 된 사람이 여럿이라도 전부 가입할 수 있지만, 청약저축은 한 세대에 세대주인 한 사람만 가입할 수 있다는 뜻이다. 즉 '한 세대 내에서 1계좌' 만 가입할 수 있다.

따라서 부부인 경우에도 동시에 가입할 수 없다. 동일한 주소에 부모와 자식들이 함께 사는 경우 세대주가 청약저축에 가입하면 부인이나 자녀는 청약저축에 가입할 수 없고, 청약예금이나 청약부금을 선택해야만 한다. 성인이 된 자녀가 각기 청약저축에 가입하고자 한다면 각자 세대를 분리하는 수밖에 없다. 따라서 사회 초년병이나 대학생이라면 부모님과 주민등록을 분리하여 청약저축에 가입하는 것이 좋다. 단 부부간에는 주소지가 다르게 등록되어 있다 하더라도 동일한 세대로 보기 때문에 각자 가입하는 것이 불가능하다.

구분	청약예금	청약부금	청약저축
가입 대상	20세 이상 국민	20세 이상 국민	무주택 세대주
납입 방법	일시에 200~ 1,500만 원 납입	매달 정해진 날짜에 5~50만 원 납입	매달 정해진 날짜에 2~10만 원 납입
기업 은행	시중 은행	시중은행	국민은행, 농협, 우리은행
청약 가능 아파트	민간에서 건설하는 소·중·대형 아파트	민간에서 건설하는 소형 아파트	주공 등 공공에서 건설하는 소형 아파트
1순위 대상	가입 기간 2년 이상 각 평형별 예치금액 이상	가입 기간 2년 이상 지역별 예치금액 200~300만 원 이상	매월 1회씩 24회 이상 납부자

03 장기주택마련통장 제대로 알자

　장기주택마련통장은 금융회사에 따라 장기주택마련저축(은행), 장기주택마련펀드(증권사) 및 장기주택마련보험(보험)으로 나뉘지만, 가입조건, 비과세세제 혜택, 비과세 혜택 및 5년 이내 해지에 다른 해지 추징세 같은 내용은 거의 동일하다. 차이점에 대해서는 반드시 비교해 보고 자신에게 맞는 금융상품을 가입하거나 아니면 혼합해서 가입할 필요가 있다.

　가입조건은 약간 까다롭다. 만 18세 이상 근로소득자로서 무주택자가 대상이다. 부모와 함께 살지 않는 성인은 누구나 들 수 있다.

　주택소유자가 가입하려면 소유한 주택의 면적이 85㎡ 이하이며, 기준시가 3억 원 이하 한 채만 소유한 세대주만 가입이 가능하다. 전 금융회사를 통틀어 분기당 300만 원 이상을 초과하여 불입할 수 없다.

　또 가입 조건에 해당되는 세대주로서 근로소득자만이 연말 정산을 통해서 혜택을 볼 수 있다. 연간 소득공제 한도액은 총불입금액의 40%, 총 3,000만 원까지라는 한계가 있다.

가입한 지 7년이 지나야 비과세 혜택을 볼 수 있다. 유의해야 할 점은 5년 내에 해지를 할 경우 해지 추징세를 내야 한다는 점이다. 이 경우 기간에 따라 추징비율과 추징 한도액이 달라지는데, 가입한 후 1년 이내에 해지할 경우 총 불입액의 4%, 연간 30만 원 정도의 추징세를 내어야 한다.

장기주택마련의 통장 운용 및 적용금리는 금융회사마다 다르다. 대부분의 은행은 고시 금리를 기준으로 삼아 변동금리를 운용한다. 증권사는 실적 배당형인 펀드로 운용하고, 보험사는 공시 기준이율을 기준으로 변동금리를 운용한다.

안정적인 수익을 바란다면 은행에서 가입하고, 은행의 수익보다 더 높은 수익을 추구하려면 펀드 상품에 가입하면 된다. 저축을 통한 목돈을 마련하려면 보험에 가입하는 것이 효과적이다.

Part 4

돈 불리는 데에 최고인
저금통장, 펀드

01 간접상품, 펀드

펀드는 다수의 투자자들로부터 모은 자금으로 형성된 대규모의 공동기금(Fund)을 유가증권(주로 주식, 채권, CD, CP 등)에 투자하여 그 운용에 따라 수익을 분배하는 간접투자 상품이다. 직접투자인 주식투자와는 달리 전문가가 운용하기 때문에 주식투자에 비해 안전하다.

펀드를 가입할 수 있는 곳은 은행, 증권사, 종금사 등 다양하다. 일반적으로 거래하기 편한 곳에서 구입하면 되는데, 이런 점에서 본다면 은행을 이용하는 것이 편리하다.

펀드에 가입하기 위해서는 주민등록증, 거래인감(또는 서명)을 지참한 후, 은행을 방문하여 계좌를 개설해야 한다. 각 증권사 계좌에 대해 은행연계 계좌를 개설하면 은행을 통해서 각 증권사 계좌로 자금을 입금시킬 수 있어 인터넷으로도 펀드 거래를 쉽게 이용할 수 있다.

펀드에 처음 투자하는 사람의 경우 관심은 많지만, 원금을 까먹을 수 있다는 불안감 때문에 선뜻 투자 결정을 하기 어렵다. 따라서 최근에는 원금을 보장하면서 은행 정기예금보다 높은 수익률을 추구하는 ELS상품이나, 소액으로도 투자가 가능한 적립식 펀드가 주목을 받고 있다.

펀드 상품에 따라 중도에 환매가 불가능한 상품이 있다. 하지만 갑자기 급전이 필요한 경우도 생기고, 금융시장이 악화되어 중도 환매하는 것이 보다 유리할 경우가 있으므로, 상품을 가입하기 전에 환매가 가능한지의 여부를 꼭 체크해야 한다.

우리나라의 증시는 변동성이 잦은 편으로 향후 경기 전망이 불투명하기 때문에 증시 활황기를 예측하는 것이 힘들다. 따라서 가급적 장기 투자를 하는 것이 유리하다.

펀드 상품의 약관에는 펀드의 투자 비율이나 보수, 환매수수료 등 상품과 관련된 내용이 상세히 설명되어 있다. 약관을 보고도 이해가 가지 않는 부분에 대해서는 해당 펀드를 판매하는 증권사나 은행의 직원에게 물어보는 것이 좋다.

■펀드 가입 전에 고려해야 할 사항

① 당신의 투자의 목표는 무엇인가?
당신이 펀드에 투자하는 목적이 주택마련인가 노후자금 마련인가 아니면 자녀교육비를 위한 투자인지를 명확히 알아야 한다.

재테크나 투자는 목표가 분명히 있어야 한다. 특히 위험이 많은 펀드 투자에 있어서 목표가 명확하지 않으면 실패하여 쪽박 차기 쉽다.

② 투자 기간을 선정하라.

목적을 정했으면 당연히 투자기간이 나온다. 단지 이 수치를
명확히 해야 한다는 것이다. 10년 후 내 집 마련이나 20년 후 노
후설계냐 수치가 명확해야 한다.

③ 원하는 목표 금액은 얼마인가?

내 집 마련이라면 내 집의 집값을 알아야 하고, 노후의 필요한
자금이라면 노후에 얼마가 필요한지를 알아야 한다. 주식형 펀드
의 수익률은 10% 정도로 보는 것이 좋다. 장기투자는 항상 이율
이 높지 않다는 것을 염두에 두어야 한다.

④ 당신의 투자 성향

재테크는 외로운 싸움이다. 이 싸움을 하다가 보면 스트레스를
많이 받게 된다. 스트레스를 받아가면서도 장기적으로 긴 싸움을
할 수 있는지 아니면 단기적으로는 견디어도 장기전에는 약한지
당신의 투자 성향을 알아야 한다.

02 펀드와 다른 상품과의 비교

① 펀드투자와 주식투자와의 비교

당신이 소액으로, 또한 초보자라면 직접투자보다는 금융상품을 통한 간접투자에 눈을 돌려보는 것이 좋다.

주식투자에 관심을 갖고 있는 사람들은 많다. 하지만 주식투자의 경우, 성공한 투자자보다 실패한 투자자가 더 많다. 통상 주식투자를 하다 보면 그때 팔걸 혹은 그때 살걸 하면서 후회하는 경우가 많은데, 예측할 수 없는 것이 주식시장이기 때문이다. 더군다나 주식시장이 예측대로 움직인다고 하더라도 투자자의 마음이 시장 분위기에 따라 움직일 수 있기 때문에 주식투자로 돈을 벌기란 참 어렵다.

객관적으로 수익률만 놓고 본다면, 주식에 직접 투자한 것이 수익성이 더 클 수 있으나 투자위험이 크다는 점을 고려할 필요가 있다.

주식형 펀드란 주식 및 주식 관련 파생상품에 신탁 재산의 60%

주식형 펀드 vs 주식 직접투자

구분	주식형 펀드	주식 직접투자
운용 주체	자산운용 전문기관	투자자 본인
위험도 손해	위험이 있긴 하나, 주식 직접투자 보다는 낮다.	손해 위험이 크다
거래 비용	신탁보수(각종 운용 및 보관수수료)	중도환매시 환매 수수료, 위탁매매 수수료, 거래세
환금성	환금성에 제약이 따른다.	중도환매가 불가능하거나 환매시 환매수수료 지급, 환금성이 높다.
장점	전문 펀드매니저가 운용하므로 안정적 수익 기대 투자에 관한 모든 권한 보유	고수익 가능
단점	장기투자종목 선정, 매매 등 운용의 어려움이 따른다.	실패할 때 원금상환 불가능
최고 수익률		주식 직접투자가 월등히 높다.

이상을 투자하는 상품으로 큰 수익을 얻고자 하는 고성장 추구형 상품이라 할 수 있다. 따라서 주식형 투자신탁은 매우 공격적이며 주식시장의 하락에 따라 손실을 입을 위험이 높다. 이 유형의 상품은 다른 상품에 비해 수익률 변동폭이 커서 위험을 감수하더라도 공격적인 투자 성향을 가진 투자자에게 유리한 상품이다

인간은 누구나 본질적으로 수익이 적고 확실한 것보다는 다소 불확실하나 이윤이 더 높은 것에 매력을 느낀다. 그렇기 때문에

투기적인 모험을 즐기게 되는 것이다.

특히 주식투자의 경우, 높은 수익을 얻을 수 있다는 점이 투자자들에게 큰 매력이 되는 요소이다. 하지만 그 이면에는 엄청난 손실을 입을 수도 있다는 점을 항상 인식해야 한다.

이제 결론적으로 보았을 때 직접투자와 간접투자 중 어느 쪽이 더 유리할까? 명확한 결론은 없다. 사실 최고 수익률을 가지고 비교한다면, 당연히 직접투자가 월등히 유리하다.

그러나 전체적인 평균치로 본다면, 간접투자 쪽의 수익률이 더 높다는 것이 조사를 통해 여러 차례 증명되었다. 결국 직접투자에 확신이 없을 경우 간접투자를 선택하는 것이 더 유리하다는 얘기다.

② 펀드와 은행적금과의 비교

최근 은행예금보다도 인기 있는 펀드로 주가지수연계증권(ELS)을 들 수 있는데, 그 이유는 원금 보전이 가능하면서 주가 등락에 따라 더 높은 수익을 기대할 수 있다는 점 때문이다.

안정성 면에서는 은행의 정기예금이 가장 안정적 투자대상이라고 할 수 있다. 그럼에도 불구하고, ELS 펀드가 관심을 끄는 것은 역시 수익률 때문이다.

장기투자는 적립식 펀드로

 예금이나 적금 모두 안정성 면에서는 펀드에 투자하는 것보다 월등히 낮지만, 수익성 면에서는 그렇지 못하기 때문에 요즘 은행권에서는 적금처럼 매달 일정액을 적립하여 투자위험을 최소화한 비교적 안정한 적립식 펀드들이 많이 판매되고 있다.

 적립식 펀드는 은행의 적금과 투자의 장점을 결합한 재테크 상품으로, 투자 시기를 골고루 분산하여 투자위험을 낮출 수 있는 이점이 있다.

 당신이 적립식 펀드에 투자하면 종목분산, 시간분산, 장기투자를 통해 시장의 변동성을 축소시키는 장점이 있다. 따라서 단기간에 목돈을 마련하고자 한다면, 적립식 펀드보다는 은행의 세금우대 적금을 이용하는 게 차라리 낫다.

 적립식 펀드는 주식이 상당 부분을 차지하기 때문에 당신은 반드시 장기적인 안목으로 투자해야 한다. 일반적으로 목돈을 모으기 위해서는 짧게는 1년, 길게는 7년 정도의 기간을 정하는데, 적

ELS, ELF, ELD 비교

구분	ELS	ELF	ELD
발행기관	증권	투신/자산운용사	은행
판매기관	증권	증권/은행	은행
형태	유가증권	유가증권(수익증권)	정기예금
투자 방법	유가증권 청약	수익증권 매입	정기예금 가입
원금 보장	원금 보장/비보장	보존 추구/비보존	보장
소득 과정	배당 소득	배당 · 이자 소득	이자 소득
특징	고수익 상품 구조 가능 다양한 상품 구조 가능	운용에 따른 성과 배분	원금 보장, 보수적인 수익 구조

립식 펀드는 최소 3년 이상의 투자기간을 설정하는 것이 투자 성과를 높일 수 있는 방법이다. 따라서 당신이 노후자금 마련을 위한 연금에 가입할 때 좋은 방법은 적립식 펀드를 이용하는 것이다.

■ 적립식 펀드란?

적립식 투자는 자산을 축적해 높은 성과를 보기 원하는 투자자보다 자산을 천천히 만들어 보려고 하는 투자자에게 적합한 투자방법이다. 따라서 10년 이후 자녀의 교육비가 걱정되는 직장인이라면 미리미리 적립식펀드에 가입해 차근차근 목돈을 마련하는 것도 좋은 투자방법이다.

사실 미국 · 유럽 등의 선진국에서는 자녀가 대학 입학 등의 학자금으로 활용할 수 있도록 일찌감치 펀드에 가입하는 것이 보편적이다.

일반적인 적립식펀드 이외에 최근에는 교육과 관련된 펀드도 심심찮게 찾아볼 수 있다. 한국투자증권이 2002년부터 판매하기 시작한 만기 10년짜리 '부자아빠펀드'가 대표적이다. 이 상품은 보험 요소를 도입해 자녀의 미래를 대비하도록 설계됐다. 교육자금뿐만 아니라 총 4회에 걸쳐 자녀 라이프사이클에 따라 유학자금, 결혼자금 등을 맞춤식으로 인출할 수 있다. 적립식과 목돈을 한꺼번에 투자하는 거치식 중 편리한 방식으로 골라 가입할 수 있다.

■ 주식형 펀드는 인덱스 펀드로

적은 돈으로도 효과적인 분산투자를 할 수 있다는 장점을 가진 간접투자는 장기적인 증시활황을 예견한다면 그 어느 때보다 관심을 둬야 한다. 2011년 들어 주식시장 상승과 함께 상승 분위기를 이어가고 있다.

대세상승기에 유리한 인덱스펀드에 관심을 가져야 한다. 인덱스펀드는 증시가 대세상승기에 접어들 때 가장 확실한 수익률을 낼 수 있다. 인덱스펀드의 편입 종목 KOSPI(종합주가지수) 200(시가총액 상위 종목 2백 개) 중에서도 시가총액 상위 종목 위주로 구성되기 때문에 대형 우량주에 고루 분산투자하는 효과를 얻을 수 있다. 따라서 주가가 상승할 때 가입한다면 이론상으로 손해는 보지 않을 뿐만 아니라 주가상승 시에도 오르는 만큼 수익을 낼 수 있다.

인덱스펀드는 두 가지로 구분할 수 있다. 종합주가지수를 정확히 쫓아가고자 하는 순수 인덱스펀드와 종합주가지수 대비 초과수익을 목표로 운용하는 진보된 인덱스펀드로 나눌 수 있다.

펀드 투자 요령

① 운용회사 및 펀드매니저를 보고 투자하라.

펀드매니저라고 하면 흔히 주식을 연상하지만, 채권을 다루는 펀드매니저들도 있다. 주식형펀드는 물론이고 채권형펀드 역시 자금을 운용하는 펀드매니저의 성향과 능력에 따라 수익률이 달라진다. 과거에는 투신사가 제시한 수익률을 보고 펀드를 선택하였다면, 채권시가평가제 실시 이후에는 투신사의 운용능력을 따져보고 펀드를 선택해야 한다.

② 펀드 편입 채권을 반드시 확인하라.

당신이 펀드를 평가할 때 두 가지 관점에 포인트를 두어야 한다. 편입한 채권의 신용등급이 낮고 수익률이 높다면 이는 투기성 펀드다. 한편 신용등급이 높은 채권인데도 수익률이 높다면 이는 운용회사의 능력이 뛰어난 것으로 해석할 수 있다. 그렇다면 답은 이미 나와 있다.

당신이 펀드에 가입하려면 사전에 펀드 운용계획과 펀드명세서를 일일이 따져 보아야 한다. 수익률이 높다는 이유만으로 가입했다가 나중에 낭패를 볼 수도 있기 때문이다. 수익률만이 펀드 선택의 최우선 기준이 될 수는 없다는 뜻이다.

③ 투자설명서 · 약관을 반드시 챙겨라.

투자설명서나 약관 내용에는 해당 상품의 운용 내용 및 방법, 신탁약관에서 정하는 사항, 투자대상 등이 포함된다. 그러나 금융기관 창구에서는 고객이 완벽히 이해하리라고 기대하지 않아서인지 약관 내용을 쉽게 설명한 요약서를 따로 주고 있다. 조금 어렵더라도 투자설명서와 약관을 반드시 챙겨서 읽어보라. 법적 구속력을 갖는 약관이다. 상품설명서 등은 투자자들에게 약관 내용을 알기 쉽게 설명하는 자료에 불과하므로 애매한 대목은 서로 대조해 가면서 읽는 것도 잊지 말아야 한다.

소 잃고 외양간 고치기식의 투자는 곤란하다. 펀드 가입 첫 출발부터 옥석을 잘 가려내는 신중함이 무엇보다 중요하다. 또한 간접투자이건 직접투자이건 간에 투자 게임에서는 타이밍이 승부를 좌우한다는 점도 명심해야 한다.

④ 우량주에 집중 투자하는 펀드.

최근 주식투자 대상을 코스닥 종목에서 유가증권의 우량주로 바꾸기로 결정한 사람들이 많다. 수 년 동안 코스닥 시장에서 5, 6개 종목에 투자했으나 수익률이 들쑥날쑥하여 기대한 만큼 재미를 못 보았기 때문이다. 그래서 우량주에 장기 투자하려는 사람이 많다.

처음부터 변동성이 큰 코스닥 종목이 아니라 우량주에 투자하는 것이 좋을 것 같다고 생각하여 시가 총액 상위의 대량주에 투자하는 것보다는 우량회사를 택하기로 한 것이다.

무엇보다도 장기투자를 할 때는 시가 총액이 크고 잘 알려진 종목을 오래 가지고 있는 것보다는 우량주에 투자하는 것이 유리하다.

따라서 주가수익비율 등으로 따져본 기업의 가치가 주가보다 높고 수익의 성장성과 안정성을 갖춘 종목에 투자하는 것이 좋다. 주식 초보자는 그것을 구분할 수 없기에 우량주에 집중 투자하는 펀드에 가입하는 것이 안전하다.

배당주 펀드와 가치주 펀드의 투자 요령

① 8~9월엔 배당주 펀드를

정부의 시가배당제 활성화 방침과 기업 주주에 대한 이익환원 전략에 따라 각 기업의 배당성향이 높아지자 고배당 종목에 집중 투자하는 배당주펀드에 관심이 더욱 높아지고 있다. 배당투자펀드는 배당률이 높은 유망종목에 집중 투자하는 펀드다.

개인이 직접 고배당 주식을 매입할 수 있지만 배당투자도 직접 투자보다는 투신사의 배당펀드를 활용하는 간접투자가 안정적인 수익을 올릴 수 있다는 게 전문가들의 지적이다.

이는 기관투자가들이 개인보다 상대적으로 정보 수집과 분석 능력이 강하기 때문이다. 배당계획을 발표한 뒤 실제 배당을 미루는 기업들이 많아 과거 배당을 기준으로 개별종목을 직접 투자할 경우 배당수익은커녕 주가하락으로 인한 낭패를 당할 수도 있다.

일반적으로 배당전용펀드는 찬바람 불기 전인 8~9월이 가입 적기라고 한다. 에너지 관련 기업들이 주로 고배당을 하기 때문에 이들 종목들의 주가가 오르기 전인 이때가 낮은 가격에 살 수 있는 최적기이고, 우리나라 대부분의 기업들이 12월에 결산한 후 배당금 지급이 다음에 3월 이전에 이뤄지기 때문이다.

하지만 최근 중간 배당이 늘어남에 따라 연간 투자 가능한 투자 수단으로 활용되고 있다. 특히 이러한 펀드들은 배당 발표 전에는 선물매도로 위험 노출도를 줄여놓고 있다가 배당 결정 임박시 배당 성향이 높은 20여 개 종목에 집중 투자해 배당수익을 직접 노리든지 주가가 상당 부분 오르면 매매차익을 얻는 전략을 취한다.

배당주 전용펀드는 일반 주식형보다 수익이 안정적으로 달성될 수 있어 채권투자의 대안으로 떠오르고 있다.

② 저평가 종목에 집중 투자하는 가치주 펀드를

저평가 종목에 집중 투자하는 가치주 펀드도 주목할 필요가 있다. 가치주 펀드는 이른바 지수 등락과 무관하게 저평가 중소 우량주를 집중 발굴해 장기투자를 하는 펀드를 말한다.

이 펀드는 블루칩 종목을 대거 편입해 수익을 얻는 일반 주식형 펀드와 달리 수익성과 성장성이 좋은 중소형 우량주를 편입, 안정적인 수익을 올리는 상품이다. 특히 지수 등락폭이 좁은 박스권에 갇혀 있는 조정국면이 장기화될 경우 가치주 펀드에 대한 관심이 높으며 시장환경보다는 해당종목의 투자가치에 초점을 맞추는 상품이어서 한 번 주식을 사면 적정가치에 도달할 때까지 장기간 보유하기 때문에 시장 변화에 큰 흔들림이 없는 특징도 있다.

해외펀드의 매력, 환율

　해외 채권이나 주식에 투자하는 각종 해외펀드가 쏟아져 나오고 있다. 해외 굴지의 금융회사가 만든 상품을 국내 금융 기관들이 팔고 있는 것이다. 부동산과 주식시장이 침체되고 금리가 급락하면서 해외펀드가 새로운 투자처로 떠오르고 있는 것이다. 그러나 해외펀드 역시 원금을 까먹을 가능성이 있는 실적 배당형 상품인 데다 우리에게 아직 생소하다는 점 등을 고려해 꼼꼼히 따져보고 투자하는 것이 바람직하다.

　해외투자펀드의 주요 고객 층은 달러화(貨) 자산이 많아 환 위험 헷지(투자 위험 상쇄)가 필요하거나 유학생 자녀를 둔 중산층 이상의 투자자들이다. 특히 프랑스 등 유럽 국가의 신용등급하락 등 악재가 쏟아져 나올 때는 더욱 유의해야 한다.

　해외펀드는 국내에 장기투자를 할 만한 대안이 부족한 투자자들이 통화별 분산을 통해 궁극적인 의미의 위험 분산(가치보존 목적)을 할 수 있다는 장점이 있다. 해외 선진국의 자본시장이 아무

래도 국내보다 안정적이라는 심리적 측면도 있다.

해외 펀드의 매력 중 하나는 환율이다. 최근에 판매되고 있는 펀드들은 대부분 선물환 거래를 병행하고 있어 오히려 환차익을 노릴 수 있다. 관계자들은 연 7%대의 평균수익률 외에 선물환 마진(연 2.5%, 비과세)의 추가수익이 가능하다고 말한다. 또 해외 펀드들은 대개 가입 기간이 정해져 있지 않아 중도환매 때도 수수료를 내지 않아도 된다.

해외 펀드 3가지 투자 요령

① 투자 운용회사의 선정이다.

해외 투자 상품은 상품을 판매하는 판매회사와 그 상품을 실제 운용하는 운용회사가 각각 따로 있는데 해외 투자 상품의 수익률은 운용회사의 운용능력에 의해 결정된다. 가장 알아보기 쉬운 운용능력은 과거 실적이다.

② 해당 투자 상품의 평가등급이다.

대개 해외 투자 상품들은 S&P나 MICROPAL 등과 같은 펀드 평가회사에서 등급을 나눈다.

이 평가등급은 비슷한 종류의 해외 투자 상품 중에서 이 투자 상품이 어느 정도에 위치하는지 과거 실적을 포함한 종합적인 평가를 하여 등급을 분류하므로 평가등급이 좋은 해외 투자 상품을 선택하는 것이 유리하다.

③ 전문가의 도움이다.

해외 투자 상품은 상품 종류가 너무나 많아 투자자 개인이 상품을 고르기가 쉽지 않다. 훌륭한 PB나 컨설턴트는 투자자의 목적과 니즈에 맞춰 투자자를 위해 엄선된 투자 상품만을 제공한다.

그렇지만 해외 펀드 역시 실적배당 상품인 만큼 원금을 까먹을 수 있다는 점을 명심해야 한다. 수익률뿐만 아니라 다양한 요소를 꼼꼼히 살펴봐야 한다는 얘기다. 전문가들은 해외 펀드에 투자할 때 유의 사항으로 다음의 일곱 가지를 꼽는다.

1) 무엇보다 중요한 것은 수익률이다.
2) 수익률만큼 중요한 위험률도 살펴야 한다. 수익률 변동폭과 각종 지표를 고려하되 변동폭이 크면 위험도 크다는 것을 알아야 한다.
3) 주식, 채권 등의 투자비율을 챙겨봐야 한다.
4) 국가별 투자 비중을 따져보라. 고위험 고수익 국가군(이머징마켓)에 주로 투자하는 펀드인지, 저위험 저수익 국가군(선진시장)에 투자하는 것인지 따져 자신의 투자 성향에 맞게 선택해야 한다.
5) 보유 종목의 건전성도 들여다봐야 한다.
6) 펀드 사이즈를 알아봐야 한다. 같은 성격이라면 사이즈가 큰 펀드가 덜 위험한 반면 수익률도 비례한다.
7) 펀드의 수수료 등 제반 비용을 비교해본다.

08 적립식 펀드 수익률

적립식 펀드 모르면 간첩이라고 할 정도로 적립식 펀드가 우리나라 펀드의 열풍을 가져왔던 때가 있었다. 주가지수를 2,000선까지 끌어올린 1등 공신이기도 했다.

적립식 펀드는 매달 적금 붓듯이 주식을 매달 나눠서 투자해 주가 등락의 위험을 분산하면서 장기적으로 안정적인 수익을 올리는 펀드다.

따라서 적립식 펀드에 가입하는 사람들은 자동이체 날짜만 잘 챙겨도 1~2%의 수익률을 챙길 수 있다.

① 자동이체, 월급날은 피한다.

매달 1일에 펀드에 넣는 사람과 26일에 넣는 사람의 수익률이 평균 1.43%의 차이가 나는 것으로 밝혀졌다.

펀드 평가회사인 '제로인'이 2004년 4월부터 2007년 4월까지 3년간 10개 대형 적립펀드에 매달 1일에 넣을 때와 26일에 넣을 때를 비교한 결과 위와 같은 차이가 난 것으로 나타났다. 이런 조사를 하게 된 것은 회사의 월급날이 거의 21~25일이기 때문이다.

날짜별 평균 수익률은 1일(53.28%)이 가장 높았고, 다음으로 10일(52.52%, 21일(52.44%), 20일(52.28%), 26일(51.85%)순위였다.

월말에 수익률이 낮아진 것은 이때쯤 펀드로 들어온 돈이 펀드로 들어오면서 주가가 올랐다가 월초에는 떨어지는 경우가 많기 때문이다.

② 숨어 있는 환매수수료

한꺼번에 목돈을 맡기는 가치식 펀드는 가입 후 3개월이 지나면 중도에 환매를 하게 되더라도 수수료를 내지 않는다.

그러나 적립식 펀드는 다르다. 당신이 만기가 3년이고 환매수수료 부과기간이 3개월짜리 적립식 펀드에 가입한 다음 사정이 있어서 24개월 만에 그것을 환매처분하려고 했을 때 수수료를 내지 않아도 된다고 생각한다면 큰 착오이다.

최근 3개월 동안 낸 돈에서 거둔 이익의 70%를 운용회사에서 떼간다.

즉 매달 100만 원씩 2년간 총 2,400만 원을 넣었다면, 최근 3개월간 낸 300만 원을 굴려 얻은 수익의 70%를 판매수수료로 운용사가 가져간다는 뜻이다.

따라서 만기 약정을 하지 말고 가급적 짧게 가져가는 것이 유리하다.

120

09 모르면 두 번 우는 펀드 세금

예를 들어서 당신이 직장의 박 팀장과 함께 작년에 똑같이 1년 동안 펀드에 투자하여 당신은 원금에서 100만 원 손해를 본 데다가 세금까지 7만 원을 내야 한다고 치자. 그런데 박 팀장은 10만 원의 수익을 올리고도 세금은 단돈 2만 원밖에 내지 않았다.

왜 이런 현상이 벌어졌을까? 펀드는 주식의 매매 차익이 생겨서 생긴 이득에 대해서는 세금을 물지 않지만, 주식의 배당소득이나 채권의 이자소득, 채권의 양도소득에 대해서는 세금이 붙는다.

당신이 만약 주식에 60%를 투자하고 나머지를 채권에 투자하는 어떤 펀드에 가입했다고 가정하자. 이 펀드가 1년 동안 수익률이 10%다. 그렇다면 100만 원을 투자해서 당신은 10만 원의 수익을 올린 셈이다. 그런데 10만 원 중 8만 원은 주식의 시세차익에서 나왔고, 2만 원은 채권소득에서 나왔다면 세금은 2만 원 부분에서만 내면 된다.

그런데 당신이 똑같이 이 펀드에 가입했는데도 오히려 10만 원

절세되는 펀드 어떤 것이 있나

펀드종류	특징
하이일드 펀드	이자 소득세는 일반 상품의 절반 수준인 6.4%의 낮은 세율이 적용되며, 분리 과세 가능
연금저축 펀드	10년 이상 유지하면 비과세 혜택에 연간 300만 원까지 불입금액의 100% 소득공제
장기주택마련 펀드	7년 이상 불입 시 비과세 혜택과 연말 정산 시 연간 불입금액의 40%(300만 원까지)는 소득공제 혜택
생계형 펀드	가입 대상이 장애인, 상이용사자, 생활보호대상자, 60세 이상 남성, 55세 이상 여성 등으로 제한, 3,000만 원까지 가능하며 전액 비과세

이나 손해를 봤다고 했을 때에도 세금을 더 내야 하는 경우가 있다. 즉 10만 원 손해의 내용이 주식투자 부분에서 15만 원을 손실, 채권 소득으로 5만 원의 이익을 보았다면 5만 원 부분에 대해서 세금을 내야 하기 때문이다.

① 과세기준가를 살펴라

펀드에서 자신이 얼마나 세금을 내야 하는지 모르는 사람이 대부분이다. 펀드를 환매할 때나 결산할 때 세금이 자동적으로 납부되기 때문이다.

당신이 펀드 투자를 할 때 발생한 수익의 얼마가 세금으로 나가는지 알고자 한다면 '과표기준가'를 살펴보면 된다. 만일 당신이 펀드에 투자할 당시의 과표기준가가 1,000원이었는데 환매할 때 1,100원이었다면 100원에 대해서 세금이 붙는다. 즉 처음 투자할 당시의 과표기준가와 환매할 당시의 과표기준가의 차이에 의해 세금이 결정된다.

② 해외 펀드도 주식 부분에 대해서는 세금을 안 내도 된다.

해외 펀드에 대한 비과세 혜택은 2009년 12월까지 한시적으로 적용되었다. 그 후부터 세금을 내어야 한다. 또 해외 펀드라도 배당소득세와 채권투자를 통한 소득세(15.4%)는 내야 한다.

노후대비는 자녀교육보다 우선시해야 한다.

노후준비에 있어서 가장 큰 충돌은 '자녀교육비' 다. 우리 나라 사람들은 교육열이 어느 나라보다 강해 자녀를 위해서 라면 무엇이든지 해주려고 한다. 그런데 자신의 노후준비마 저 희생하면서 자녀 교육을 시키는 것이 자녀를 위한 길일 까?

자녀 교육비와 노후준비를 위한 것을 함께 실현할 수 없 으면 두 가지 중에 어느 한 가지를 선택해야 한다.

이 때 자녀에게 물어보라, 자녀가 당신의 노후를 부담할 의지가 있는지. 있다면 적어도 당신의 노후 29년은 당신의 자녀가 부양의무를 감당해야 한다. 이렇게 감당하는 것이 자녀의 성공을 가로막는 것이 될 수도 있다. 따라서 자신의 노후를 희생하면서 자녀교육에 모든 것을 바치는 것은 결코 자녀를 위한 길이 아니다.

Part 5

만일을 대비한 저금통장,
보험

01 기본적인 사항을 꼼꼼히 살펴보도록 하자

보험은 미래의 위험에 대비한 일종의 기부금이다. 따라서 보험료는 당신의 형편에 맞게 내되, 가능하면 줄이는 것이 좋다. 그렇다고 보험료를 무조건 줄이면, 보장규모도 같이 줄게 되므로, 미래의 불행에 대비할 수 없다.

그렇다면 보장은 얼마나 받아야 하고, 또한 보장규모를 줄이지 않으면서 보험료를 줄일 수 있는 방법에는 어떤 것들이 있을까?

- 보장규모는 사고가 났을 때 치료비와 최소한의 생계유지 수준이면 적정하다.
- 보험 종류별로 그 성격에 맞게 보장 기간은 충분히 긴 것도 좋다.
- 순수보장형이면서 무배당으로 가입하면 보험료를 줄일 수 있다.
- 젊을수록, 장기로 가입할수록 보험료가 싸다.

- 중복 보장을 줄이면 보험료를 줄일 수 있다.
- 주보험 보장금액을 줄이고, 특약보험을 활용하면 보험료를 줄일 수 있다.
- 건강체로 확인받으면, 보험료를 줄일 수 있다. (종신보험 등 일부 보험)

보험료가 연체되었을 때

1) 순연부활제도 : 보험료가 몇 개월 연체되어 있는 경우, 한꺼번에 처리하기 힘든 상황에는 이 제도를 이용한다.

2) 보험료 자동대출 납입제도 : 일시적인 경제적 어려움으로 당장 내기는 힘들지만 사정이 좋아지면 낼 수 있는 사람이 이용할 수 있다.

3) 감액완납제도 : 보험료를 추가로 내기 영영 어려운 상황에 있는 사람이 이용한다.

가입해야 할 보험의 조건

우리나라의 경우 생명보험 가입률이 86.2%, 1인당 가입건수가 1.7건으로 가입률 측면에서는 이미 선진국 수준(일본 93%, 미국 76%)에 도달했다고 한다.

이와 같은 통계로만 보면, 우리나라 국민들도 이제 보험을 생활의 필수품으로 인정하고, 스스로 미래의 위험에 대비할 줄 아는 현명함을 갖추었다고 말할 수 있겠다. 하지만 우리가 보험을 선택할 때. 각자 자기 환경에 맞도록 꼼꼼하게 따져보고 가입여부를 결정하였는지, 나아가 본인이 필요한 위험보장을 직접 설계하였는지를 다시 한번 자문해 보아야 할 것이다. 그렇다면 과연 당신은 어떤 보장을 받는 것이 좋을까?

- 질병과 사고는 물론 노후보장도 받아야 한다.
- 암 등 질병에 대한 보장은 반드시 받도록 한다.
- 개인의 특수 상황을 고려하여 보험에 가입해야 한다.

보험 상품은 종신보험, 연금보험, 질병보험 등 많은 보험료를 지불하는 상품들 이외에 소액으로 큰 보상을 받을 수 있는 보험들이 많다. 대표적으로 여행보험이나 골프보험, 주택화재보험, 어린이 안전보험 등등. 이들은 연간 1만 원 내외의 소액으로 수천만 원을 보장받을 수 있다. 위험은 예고 없이 찾아오며, 그로 인한 불행은 매우 크다. 조금이라도 위험이 있는 곳에 보험 상품은 존재할 수 있다. 그러한 보험을 잘 이용하면 적은 돈으로 큰 불행을 막을 수 있다.

특히 손해보험사의 상품 중에는 매우 유용한 상품이 많으므로, 보험가입을 생활화한다면 큰 불행을 비켜갈 수 있을 것이다.

03 종신보험 가입할 때의 2가지 요령

종신보험은 일단 피보험자가 사망이나 1급 장해를 판정받게 되면, 약정한 보험금을 받는다는 점에서, 사실 유족 연금 성격이 강하므로 일종의 저축성보험이라고 할 것이다. 즉 다른 보험은 보험 기간 중 사고가 없을 경우 소멸하는 데 비해, 종신보험은 보험 기간 중 반드시 보험금 지급사유가 한 번은 생기기 때문이다.

하지만 종신보험은 은퇴 이후나 자녀가 모두 성장한 경우에는 그 의미가 점차 퇴색되어 차라리 노후연금보다 못한 상품으로 전락한다. 따라서 이 시기에는 노후연금으로 전환할 수 있도록 설정되어 있다. 하지만 만약 피보험자의 사후, 배우자의 노후 보장을 염려하거나 상속세 납부를 목적으로 한다면, 노후연금으로 전환하지 않는 것이 좋다.

종신보험 가입할 때의 요령은 다음과 같다.

① 주보험은 줄이고, 정기특약을 활용하는 것이 좋다.

유족급여 성격이 강하므로, 주보험은 배우자의 노후보장 정도로만 설정하고, 자녀의 경우에는 만 18세 이상이 되면 독립할 수 있으므로 독립 가능한 연령대를 맞춰 정기특약으로 가입하면 좋다.

국민연금에서 유족급여가 지급되고 있고, 퇴직연금이나 개인연금도 사망하면 잔여액이 일시금으로 지급되므로 그에 대한 부족금만 종신보험에 가입하는 것이 좋다.

② 특약은 사망했을 때에 맞춰 중점적으로 설정하자.

종신보험은 피보험자가 사망하거나 1급 장해에 해당될 경우의 가족 생활급여라 할 수 있다. 그러므로 일단 여기에 초점을 두고, 특약은 중점 설계하여야 한다.

재해사망특약과 재해 장해 연금특약, 재해 상해 특약 정도가 적당하다고 할 것이다. 이렇게 설계할 경우 종신보험은 개인연금이 보장하지 못하는 장해연금이나 유족연금으로 활용될 수 있을 것이다.

• 질병 관련 특약은 개인연금을 고려하여 설계하자.
• 노후(은퇴) 이전의 보장에 중점을 두는 게 좋다.
• 노후에 연금으로 전환이 가능하다.

고객이 원할 경우 사망 이전에라도 연금으로 전환할 수 있다.

하지만 이 경우는 특별히 유족연금이 필요 없거나 노후연금이 부족할 경우에만 전환하는 것이 좋을 것이다.

개인연금과 종신보험 활용 방법

가능하면 종신보험은 유족연금으로, 개인연금은 노후연금으로 활용하는 것이 좋다. 또한 정기보험(기간이 정해진 종신보험)은 은퇴 이전의 유족연금 보완 수단으로 활용하면 좋다.

생명보험의 종류

① 정기보험 : 생명보험의 기본적인 상품이다. 일정기간 동안 보장을 제공해준다. 보험료가 저렴하고 보험료에 비해 보장금액이 높은 것이 특징이다.
② 종신보험 : 보험기간은 한정이 없고, 피보험자가 사망했을 때 보험금이 지불된다. 매월 확정된 보험료를 납입하여 최저보증이율을 적용받는다.
③ 유니버설보험 : 보험료 조정이 가능한 생명보험이다. 보험료 납입이 유연하여 보험납입 중단에 따른 계약 해지의 우려가 낮은 것이 장점이다.
④ 변액보험 : 전통적 생명보험의 보장 기능과 저축기능에 뮤추얼펀드 투자 형태의 잠재적 성장을 결합하여 만들어진 보험이다. 보험료는 정액이지만 사망보험과 적립금은 투자성과에 따라 변동된다.

# 4가지 사회보험

직장생활을 하게 되면, 여러 가지 사회보험에 가입하게 된다. 그리고 이러한 보험의 혜택을 알게 모르게 받고 있다. 하지만 이러한 사회보험이 강제보험이기 때문인지, 마치 세금처럼 생각하고 적극적으로 사회보험이 주는 혜택을 받으려고 하는 사람이 적다.

사실 이러한 보험이 강제보험이라는 부정적 요소를 제외하면, 오히려 이익을 가져다준다고 볼 수 있다. 이러한 사회보험 중 대표적인 것이 건강보험이며, 근로자의 경우에는 고용보험과 산재보험이 있으며, 마지막으로 국민연금이 이에 해당된다. 이들 4대 보험을 사회보험이라 한다.

① 건강보험의 혜택

• 건강검진은 원하는 지정 의료기관에서 받을 수 있다.
• 본인 일부 부담금이 월 120만 원을 초과할 경우, 초과금의

50%를 지원한다.
- 본인 부담금 중 과다 납부된 보험료를 돌려준다.
- 보험료를 체납한 경우, 체납금을 내야 보험혜택을 받을 수 있다.

보험료 산출방법과 계산 사례 등 건강보험에 관한 보다 상세한 사항은 국민건강보험공단의 홈페이지(www.nhic.or.kr)에서 상세하게 살펴볼 수 있다.

② 산재보험의 혜택

산재보험은 국민건강보험과 비슷하지만, 그 보상범위가 넓고 혜택도 더 크다. 하지만 산재보험의 대상은 업무상 부상, 질병, 신체장애 또는 사망 등으로 그 범위가 매우 한정되어 있고, 업무 관련성의 증빙이 명확해야만 혜택을 받을 수 있다.

- 본인부담금은 없다.
- 휴업급여로 평균임금의 70%를 받는다.
- 2년 이상 장기 요양할 때에는 상병보상 연금을 받는다.
- 치유 후 신체 장애가 남아 있는 경우에는 장애 보상을 받는다. (1~3급은 연금, 4~7급은 연금과 일시금 중 선택 가능, 8~14급은 일시금 지급)
- 유족에게 유족급여가 지급된다.

- 장의비도 지급된다. (3개월 평균 임금의 120일분)
- 요양 종료 후에도 간병이 필요한 경우에는 간병급여가 지급된다.

산재보험은 여타 사회보험과 달리, 사업주가 보험료 전액을 부담하게 되어 있다. 그러므로 업무 관련성이 보상의 절대적인 기준이 된다. 이에 대한 보다 상세한 사항은 근로복지공단의 홈페이지 (www.welco.or.kr)에서 알아볼 수 있다.

③ 고용보험의 혜택

고용보험은 근로자의 실업과 관련한 혜택과 재교육과 관련한 혜택을 제공하는 것으로 실업급여의 경우에는 근로자와 사업주가 보험료의 50%씩을 분담하고, 기타 재교육 및 고용안정을 위한 사업비는 사업주가 전액 부담한다.

- 실업급여(구직급여)는 최장 240일로 하며, 1일 35,000원을 상한선으로 한다. (자발적 퇴직자는 해당되지 않음)

※연령과 보험 가입 기간에 따른 지급 기간

가입 기간 연령	6개월~1년	1~3년	3~5년	5~10년	10년 이상
30~50세	90일	120일	150일	180일	210일
50세 이상 및 장애인	90일	150일	180일	210일	240일

◆ 재취업 관련 훈련비용을 100만 원 내에서 전액 지원해 준
  다.

◆ 근로자 자신의 학자금을 저리(연이율 1%)로 지원해 준다.

◆ 실업자의 재취직 훈련비를 100% 지원한다.

변액보험 가입의 장점

■보험회사의 공시이율

보험회사에서는 금리를 공시이율이라고 부른다. 일반적으로는 변동금리가 적용된다. 그러나 연금은 공시이율로 적용되지만, 보장성이 있는 특약의 경우에는 예정이율로 적용된다.

예정이율이란 생명보험회사가 장래 보험금을 지급하기 위하여 계약자의 납입 보험료를 적립해 나가는데 미리 일정한 수익을 예측하여 그 금액만큼 보험료를 적립해 나가는데 미리 일정한 수익을 예측하여 그 금액만큼 보험료를 할인해주는 방법을 말한다.

■변액보험

변액보험은 고객이 낸 보험료를 펀드를 만들어 주식이나 채권에 투자하여 그 운용실적에 따라 보험금을 더 얹어주는 실적배당

상품이다. 변액 보험이 인기를 끌고 있는 것은 보험금에 플러스알파를 기대할 수 있기 때문이다.

기존 보험 상품은 가입 시 보험금을 미리 정하는 데 반해 변액보험은 보험사가 고객으로부터 받은 보험료를 주식이나 채권에 투자해 여기서 생기는 수익에 따라 보험금을 지급한다. 납입한 보험료 일부를 펀드로 만들어, 펀드 운용실적에 따라 보험금이 달라지는 실적형 보험과 변액종신, 변액 유니버설 3가지 상품이 있다.

그중 요즘 최고로 주목을 받고 있는 유니버설 보험은 펀드 운용실적에 따라 보험금이 변동되는 변액보험과 보험료 납입이나 적립금 인출시 자유로운 유니버설 보험의 장점을 합친 것으로 목돈을 굴리기에 적합한 상품이다.

■변액유니버설 보험

변액 유니버설 보험의 종류에는 크게 은행의 예금이나 투신사의 펀드처럼 투자 기능이 있는 가산형과 보험 상품의 보장기능을 갖춘 보장형 상품으로 나눠진다. 즉 보장형은 기본적으로 보장되는 보험금이 높은 대신 펀드에 투자하는 상품이 안정적인 상품이고, 가산형은 보장되는 보험금은 적지만 펀드에 투자하는 상품은 높은 편이다.

보험액은 회사에 따라 다르지만, 일반적으로 최소 20만 원씩 24개월을 의무 납입하고, 그 이후에는 보험료의 2~3배까지 불입이 가능하다.

장기투자에 적합한 보험으로써 10년 이상 가입했을 때는 보험차익(계약자가 받은 보험금에서 그동안 불입한 보험료를 제외한 돈)에 대해 비과세 혜택을 받을 수 있다. 또한 소득공제 보장형은 연간 보험료 중 100만 원까지 공제를 받고, 가산형은 특약에 대해서만 공제를 받을 수 있다.

이 상품은 투자운용에 따라 보험금이나 환급금이 달라진다. 그러므로 안정성의 투자성향을 가지고 있다면 채권에 투자하는 것이 좋다.

변액유니버설 보험은 운용실적과 수익이 직결되므로 운용사 및 상품의 기간별 운용수익률을 반드시 점검해야 한다.

기간별 운용수익률은 생명보험협회(www.klia.or.kr) 보험상품 비교동시에 들어가서 변액보험 운용현황 중 회사별 변액보험 특별계정 현황을 살펴보면 된다.

안정적인 상품이
안전한 미래를 보장하지 않는다.

노후준비 자금을 마련하는 방법에 있어서 어느 상품이
제일이라고 말할 수 없다. 정답은 없다. 다만 확실한 것을
물가상승률보다는 수익이 높아야 한다는 것만은 절대적인
명제다.

노후대비를 위한 자금으로는 안정적인 자산으로 운용한
다는 생각을 버려야 한다. 미국과 선진 국가에서도 노후대
비 자금을 은행이나 채권 같은 안전 자산에 투자하지 않고
주식과 같은 위험성이 있는 있는 곳에 과감하게 투자하고
있다.

우리나라는 연금제도가 생긴 이후 연 3%인 연금에 투자
하는 것만으로 노후준비를 하고 있다고 생각하고 있는 사람
들이 많다. 이제는 미래를 위해 과감하게 위험을 감내하는
용기가 있어야 한다.

140

Part 6

노후 준비를 위한 통장, 연금

 제2 인생을 위한 필요 자금

보통 사람으로의 삶을 살고 있는 당신이 사망 때까지 필요한 인생 필요 자금은 얼마나 될까? 필요 자금을 분석하기 위해서는 인생을 살면서 가장 큰돈이 소요되는 5가지 항목을 고려해야 한다. 이를 흔히 '5대 자금'이라 하는데, 여기에는 생활비, 은퇴 자금(노후생활비), 주택 구입 자금, 자녀 교육·결혼 자금, 그리고 긴급 예비 자금 등이 포함된다. 긴급 예비 자금은 실업 등으로 소득이 일시적으로 중단될 위험에 대비하기 위한 자금으로 통상 3~6개월치의 생활비를 책정하는 게 일반적이다.

시간 문제도 고려해야 한다. 필요 자금은 일시에 필요한 게 아니라 각 인생의 단계마다 필요하기 때문에 미래에 필요한 돈을 현재 가치(미래에 필요한 돈을 이자율을 감안해 현재 화폐 가치로 계산한 것)로 환산할 필요가 있다. 서로 다른 나이에 발생하는 비용을 단순히 더하면 필요 자금이 과대 계산될 위험이 있기 때문이다.

마찬가지로 물가상승률도 반영해야 한다. 시간이 지나면서 물가는 올라가는 경향이 있기 때문에 현재의 물가 수준만 고려할 경우, 정작 자금이 필요한 미래에 자금이 부족할 수도 있다.

이런 전제 하에서 우리나라의 평범한 보통 수준의 가장으로서 인생 필요 자금을 분석하고 편안한 미래의 초상화를 그려보자.

백세 시대를 준비하자

우리나라는 이미 고령화 사회로 접어들었다. 우리나라는 세계에서 가장 빠른 속도로 저출산 고령화가 돼가고 있으나 정부의 재정이나 개개인의 준비가 미흡하여 앞으로 국내 경제에 상당한 영향을 미칠 것으로 예상하고 있다.

유엔에 따르면 고령화 사회는 65세 이상 노인 인구비율이 전체 인구의 7% 이상일 때, 고령사회는 14% 이상, 초고령사회는 20% 이상일 때로 구분하고 있다.

우리나라는 2000년에 고령화사회로 진입했고, 2018년에는 고령사회로, 2026년에는 초고령사회로 접어든다는 것이다.

이것은 우리가 늙은 사회로 지목한 일본을 앞질러 불과 20년 뒤 2030년에는 OECD 회원국 중 네 번째로 초고령사회로 진입하게 되는 것이다.

이러한 측면을 고려하여 정부에서는 2005년에 퇴직연금제도를 도입했다. 이미 고령사회로 접어든 것에 대비해 선진국처럼 3층 보장제도를 이루어 노후 보장제도를 마련하자는 것이었다.

3층 보장제도란 정부가 시행하는 국민연금, 기업이 가입하는 퇴직연금, 개인이 선택하는 개인연금 등을 말하는 것이다. 개인이 젊어서 활동하는 동안 꾸준히 저축하여 노후에 연금을 받아 안정적으로 생활하자는 것이다.

그런데 이런 3층 보장제도 중 어느 한 가지도 완전하게 준비되지 못한 데에 큰 문제가 있다. 이제라도 자신이 처한 상황과 능력에 따라 100세 시대 준비를 서둘러야만 노후를 조금이라도 여유롭게 생활할 수 있다.

03 노후 생활비,
현재 지출의 70%

　일반적인 가장의 초상을 통계청 등에서 발표한 공식 통계자료를 토대로 살펴보면, 대략 다음과 같이 그릴 수 있다. 즉 은퇴 연령 65세, 기대수명 78세, 자녀 2명(첫째 14세, 둘째 12세, 통계청 인구동태 통계연보)으로 추정할 수 있다.

　앞장에서 말한 5대 자금별로 비용을 산출해 본다. 평균 비용 산출을 위해 40대 초상화 추정작업과 마찬가지로 각종 공식 통계자료를 바탕으로 필요 자금 기준을 설정했다. 필요 자금 분석은 현재의 생활수준을 그대로 유지한다는 전제로 한다. 다시 말해 미래의 상황이 지금보다 나빠지지 않는다는 것을 전제로 한다는 애기다. 만일 현재보다 수입이 줄거나 가족의 질병 등으로 인해 추가로 비용이 소요된다면 필요 자금은 더 커진다.

　노후생활비로는 현 생활비의 70%를 책정했다. 70%로 책정한 이유는 자녀들이 출가해 생활비 규모가 줄어 70%의 생활비만으로도 현 생활수준을 유지할 수 있다고 보기 때문이다.

노후생활비가 필요한 시점인 평균 은퇴 연령은 65세로 봤다. 우리나라 남성들의 평균 수명은 78세이므로 65세 시점에 향후 13년 동안의 생활자금을 확보하고 있어야 한다. 65세 이후에도 수입이 있으면 필요한 노후생활자금은 줄어든다. 반대로 배우자의 평균 수명은 84세로, 가장인 남성보다 6년이 더 긴 점을 감안하면 실제 필요 노후생활자금은 더 커진다.

여기서 한 가지 주의해야 할 점은 이 필요자금 분석에서는 공적연금인 국민연금과 군인·공무원·교사 등이 가입하는 각종 연금은 고려하지 않았다는 점이다. 연금을 수령하는 경우라면 필요한 노후생활자금 규모는 연금 수령액만큼 줄어들 것이다.

또 다른 노후생활비용인 노인의료비를 여기서는 고려하지 않았다. 서울대 보건대학원의 분석에 따르면, 우리 사회가 고령화 사회로 급속하게 나아가면서 노인의료비가 급증해 국민 1인당 연간 의료비는 지난 2000년 61만 원에서 2020년 339만 원, 2050년에는 2,904만 원에 이를 것으로 전망됐다.

특히 일생 동안 필요한 의료비 중 60% 이상이 사망 시점 직전에 소요된다는 점을 감안하면 노후생활에서 의료비가 차지하는 비중은 더욱 커질 수밖에 없다. 때문에 건강한 노후생활을 하지 못할 경우 노후생활비는 예상보다 더 많이 필요할 것으로 보인다.

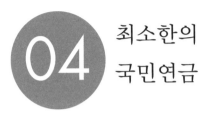

04 최소한의 혜택을 주는 국민연금

국민연금에 대해서 보험회사나 금융회사 직원들에 의해서 많이 왜곡되고 있는 부분이 있다. 즉 국민연금이 지급되어야 할 시기인 20~30년 후에는 연금기금이 고갈되어 지급할 수 없다는 내용이다.

실제고령화와 저출산 그리고 의료기술의 발달로 고령화가 급속히 진행되고 있는 현실에서 어느 정도의 시기가 지나면 연금 보험을 내는 사람은 적은데 연금 받는 대상자는 점차 많아지므로 국민연금 기금이 고갈될 것으로 예상하기도 한다.

그러나 나라가 망하기 전에는 국가가 약속한 것을 지불하지 않는 일은 있을 수 없을 것이다. 연금을 내는 사람이 줄어들므로 공적 연금을 개혁하거나 어떤 방법으로든 지불할 것이라고 생각하는 것이 국민의 한 사람으로 올바른 사고방식이라고 생각한다.

그러나 국민연금만으로 노후를 준비하는 것은 바람직하지 않다. 그런 부족한 부분을 준비하고 마련하도록 하는 것이 본서의 의도이다.

■노후자금의 합당함

　노후자금을 준비하기 위한 연금으로 생명보험사에서 지급하는 연금상품이 적합하다고 생각된다.

　생명보험사에서 운영하는 연금상품의 장점은 적립기간에 꾸준히 적립해서 연금 지급 기간까지 잘 유지되면 부모가 모두 사망할 때까지 모두 일정액의 연금이 지급된다는 점이다.

　노후자금 마련을 위해 생명보험회사의 연금상품에 가입하여 불입초기에 해약하면 많은 손해를 보기 때문에 대부분 특별한 사유가 발생하지 않는 한 매월 꾸준히 불입한다. 그러다가 일정 시기가 지나면 연금의 뼈대가 갖추어져 있기 때문에 특별한 경우 외에는 해지하지 않게 된다. 중도에 해약하면 많은 손해를 보는 연금의 경우 오히려 그것이 장점이 되어 안전하게 유지시킬 수 있다.

개인연금에 가입하자

혼히 연금이라고 하면 젊을 때부터 돈을 꾸준히 모아 은퇴 후 매달 얼마씩 받아 쓰는 상품을 떠올린다. 이런 적립식 연금 상품의 주된 가입 대상은 노년층이 아니라 오히려 30, 40대다.

이 상품은 목돈을 한 번에 넣어 두면 원리금을 합쳐 매달 일정한 금액을 내주기 때문에 별다른 수입 없이 퇴직금 등 모아둔 돈을 헐어가며 살아야 하는 퇴직자들에게 적당하다. 현재 금융권에서 판매 중인 즉시 연금식 상품의 특징을 소개한다.

■ 연금신탁

일부 은행들이 '신노후생활연금신탁' 이라는 이름으로 즉시연금식 상품을 팔고 있다. 은행별로 정해진 최소 금액 이상의 목돈을 넣으면 다음달부터 즉시 1개월, 3개월, 6개월, 1년 단위 중 한 가지 방식으로 연금이 지급된다. 40세 이상만 들 수 있고 연금 지급

기간은 5년 이상 연 단위로 선택하면 된다. 1인당 4,000만 원까지는 세금 우대(10.5% 세율 적용)로 가입할 수 있고, 65세 이상이나 장애인일 경우 2,000만 원까지 비과세 혜택이 있는 생계형 저축으로도 들 수 있다.

이 상품은 운용 실적에 따라 수익률이 달라지는 실적 배당 형 상품이어서 매달 지급되는 돈에 차이가 날 수 있다. 다만 손실이 나더라도 원금이 보장되는 것이 특징이다.

채권만으로 운용되는 상품이 대부분이지만 기업·외환은행은 자산의 10% 이내 범위에서 주식이나 파생상품에 운용하는 안정형 신탁도 팔고 있다. 국민은행의 경우 신규 가입 고객을 대상으로 여성 3대암(유방암·자궁암·난소암) 보험 또는 일반 상해보험에 5년간 무료로 가입해 주기도 한다.

■ 연금예금

연금신탁과 달리 확정금리를 주는 예금 형식의 연금상품을 신한·하나은행에서 내놓았다. 신한은행의 연금예금은 목돈을 넣고 1~5년 중 만기를 정하면 매달 원리금을 똑같이 나눠 지급한다. 예컨대 6,000만 원을 5년 만기로 넣는다면 매달 약 111만 원을 5년간 타 쓸 수 있는 식이다. 세금 우대 혜택은 없으나, 가입 자격이 되는 경우 생계형 저축으로 들 수 있다.

하나은행의 디자인통장은 목돈을 넣고 매달 필요한 금액을 지정하면 이자에 원금의 일부를 합쳐 내주다 만기가 되면 나머지 원금을 되돌려 주는 상품이다. 예를 들어 1억 원을 5년 만기로 넣고 매달 100만 원씩 타 쓴다면 5년 후 만기에 남은 5,894만 원만 찾는 식이다. 6개월 이상 월 단위로 만기를 정할 수 있으며, 세금 우대나 생계형 저축으로는 가입이 안 된다.

한편 얼마 전 우리은행이 새롭게 내놓은 뷰티플라이프 투자상품은 연금신탁과 예금을 결합한 상품. 정기예금처럼 목돈을 1년 이상 넣어 두고 확정금리를 받거나 실적배당형 연금신탁으로 들 수도 있다. 예금으로 가입해도 만기까지 3회에 걸쳐 이자 손해 없이 원리금을 나눠 찾아 쓸 수 있는 것이 특징이다. 또 가입 고객에게 의료서비스 중개회사인 '365홈케어'에서 담당 주치의를 지정해 전화·인터넷으로 무료 건강 상담을 해 주고, 병원 예약 및 할인 혜택을 주기도 한다. 만 55세 이상만 가입할 수 있고 세금 우대와 생계형 저축으로 드는 것도 가능하다.

■ 연금보험

생명보험사들이 파는 즉시 연금식 상품에는 연금을 10년, 15년, 20년식으로 정해진 만기까지만 받는 확정형과 사망할 때까지 받는 종신형 두 가지가 있다. 기간형의 경우 은행의 연금상품과 차이점이 별로 없다.

반면 종신형은 보험상품 특유의 성격이 짙다. 목돈을 넣어 두면 평생 연금을 지급하되 연금에 가입하자마자 사망할 경우에 대비해 대부분 10년 보증 기간을 둔다. 가입 후 10년 이내에 가입자

가 사망하더라도 유족에게 10년치에 해당하는 연금을 계속 지급
해 주는 것이다. 기간형이나 종신형 상품 모두 원금에는 손을 대
지 않고 이자만 지급하다가 만기 때 혹은 가입자가 사망할 경우
유족에게 원금을 돌려주는 상속형으로도 가입 할 수 있다.

  회사별로 약간씩 차이는 있으나 생명보험의 즉시연금식 보험은
55세 이상만 들 수 있다. 시장금리에 연동되는 변동금리형 상품으
로 현재 공시이율은 연 5%대다.

은행별 즉시 연금식 상품 현황

분류	은행명	상품명	수익률(연 %)	최소 가입금액
연금신탁	국민	KB실버플랜신노후생활연금신탁	3.63	3천만 원
	기업	신노후생활연금신탁(채권형, 안정형)	채권형 : 6.4/안정형 : 4.38	3천만 원
	외환	신노후생활연금신탁(채권형, 안정형)	채권형 : 4.11/안정형 : 12.52	1천만 원
	조흥	즉시연금신탁	4.93	1천만 원
	한미	신노후생활연금신탁	4.86	1백만 원
연금예금	신한	연금예금	4.5(만기 1년 기준)	5백만 원
	하나	디자인통장	4.3(만기 1~2년)	1천만 원
복합형	우리	뷰티플라이프 투자상품	4.6(예금으로 들 경우)	2천만 원

06 노후 준비 수단으로 급부상하는 주택연금

주택연금은 집 한 채로 평생 연금을 받을 수 있어 노후를 준비하는 수단으로 급부상하고 있다. 2007년에 도입된 후 현재(2012년 3월초) 7,000명 넘게 가입했다.

주택연금에 가입하려면 가입자와 배우자의 나이가 60세 이상이 되어야 한다. 또 시가로 9억 원 이상의 저택(아파트, 단독, 연립, 다세대)이 있어야 가능하다. 주택감정 가격은 주택금융공사에서 한국감정원에 의뢰한 결과를 토대로 결정된다.

주택연금에 가입하면 죽을 때까지 연금을 받는다. 100세 이상을 살아도 연금이 나온다. 연금자가 사망한 경우 주택을 처분한 금액에서 지금까지 수령액을 제외한 나머지 돈을 상속자에게 준다.

주택가격이 2억 원일 경우 만 65세에서 70세의 경우, 매달 57만 원에서 88만, 5억 원은 144만 원에서 221만 원, 7억 원은 200만 원에서 300만 원씩 연금으로 나온다. 물가가 올라가도 연금은 올라

가지 않는 단점이 있다.

연금을 타는 방식도 여러 가지가 있다. 매달 똑같은 금액으로 받는 방식이 있고, 급히 돈이 필요할 때 쓰기 위해서 일정한 돈을 저축한 다음 나머지 돈에서 매달 연금으로 타는 방식도 있다.

상담과 주택감정을 거쳐 수령하기까지 통상 1주일이 걸린다. 문의는 한국주택금융공사 홈페이지나 콜센터(1688-8114)에 하면 된다.

항상 변화에 대한 준비를 하라.

기술 특히 IT산업의 발달로 생활의 변화가 무서운 속도로 이루어지고 있다. 그리하여 금융, 경제 환경도 마찬가지로 변하고 있다. 엊그제만 해도 금리가 연 10%였는데 지금은 연4% 이내로 떨어졌다.

또한 개인의 부축적 수단이 저축보다는 주식이나 부동산 투자에 의해서 이루어지고 있다.

우리는 항상 변화의 의미를 읽고 어떻게 활용할 것인가를 생각해야 한다. 노후 대비도 마찬가지다. 노후 대비기간은 짧게 10년, 길게는 40년이다. 이 기간 동안 한 가지 상품으로만 준비하는 경우도 있지만 시대의 변화에 따라 주요 상품이 바뀌고 있다. 10년 전에는 개인연금 신탁으로 노후를 준비했으나 이제는 적립식 펀드나 연금 보험을 이용하여 노후를 대비하고 있다.

변화를 기회로 이용하고 남보다 한 발 앞설 수 있다면 든든한 노후를 준비할 수 있다.

Part 7

연구와 공부가 필요한
저금통장, 주식

01 나이와 투자 성향에 맞는 포트폴리오

투자 성향은 연령대 별로 조금씩 변해야 하고 달리해야 한다.

20대의 투자는 위험을 적극적으로 수용하고 고수익을 추구해도 흠이 되지 않는다. 하지만 50대의 투자는 안전성 위주의 투자가 되어야 한다. 한 번의 투자 실패를 만회할 시간적인 여유가 없을 뿐더러 50대는 노후 준비가 완성되는 시기인데 위험을 감수한 고수익을 추구하는 투자는 객관적으로도 맞지 않기 때문이다.

나이와 투자 성향에 맞는 포트폴리오를 구성하는 것이 성공투자의 지름길이라는 간단한 투자의 진리를 명심하고 부부가 함께 짜는 포트폴리오를 알아보자.

포트폴리오의 목적은 투자 목표를 달성하고 투자 위험을 감소시키기 위한 자산배분이다. 금융상품으로는 두 자리 수의 투자수익률을 기대하기 어렵기 때문에 투자를 통해 보다 빠른 시간 안에 원하는 투자수익을 안전하게 거둬야 한다는 것이다.

따라서 당신이 30대라면 포트폴리오의 구성요소는 다음과 같이

해야 한다.

- 고정 자산보다는 유동자산에 투자해야 한다.
- 유동성 자산은 펀드 중심으로 구성한다.
- 유능한 자산관리자를 파트너로 선택해야 한다.

적어도 40대 이전까지는 안정수익 선호형의 투자가 주류라고 할 수 있다. 주식시장의 등락에 일희일비하지 않으면서 다양한 형태로 디자인되어 주가가 일정 수준 하락 시에도 상대적 고수익을 추구할 수 있는 상품이 많이 출시되고 있기 때문이다. 안정수익 선호형의 연간 기대수익률은 10% 내외로 볼 수 있는데, ELS나 ELF의 경우 기대수익률이 연간 10%를 상회하고 있기 때문에 충분히 안정수익형 투자자의 기대수익률 수준을 맞출 수 있다. 하지만 모든 자산을 ELS나 ELF로만 투자할 수는 없기 때문에 유동성과 안정성을 좀 더 보강하는 포트폴리오 계획을 짤 수 있다.

40대부터는 수익성이 조금 낮아지더라도 안정성을 추구하는 투자가 필요하게 된다. 투자성향도 안정수익형에서 안정선호형으로 투자 위험을 감소시키고 기대수익률도 한 단계 낮춰 7~8% 수준의 기대수익률로 투자 상품과 확정금리 상품을 조합하면 된다. 투자 상품을 넣고 빼고 하는 것과 투자비중을 조절하는 것 중 어느 쪽이 좀 더 효율적인가는 관리자와 상의하여 결정하면 될 것이다.

50대 이후는 절대적인 안정성 위주로 자산을 구성하는 것이 중요한 시기로, 투자 상품보다는 확정금리 상품으로 투자하고 기대

수익률 수준도 정기예금보다 조금 높은 수준인 연간 6% 수준으로 자산을 구성하면 좋을 것이다.

포트폴리오

'계란을 한 바구니에 담지 마라.'는 투자 격언에서 볼 수 있듯이 리스크가 큰 계란을 한 바구니에 담고 가다가 바구니를 떨어뜨려 바구니 안의 모든 계란이 깨질 수 있지만, 여러 바구니에 담는다면 한 바구니를 떨어뜨려도 다른 바구니는 안전할 것이다. 이와 같이 위험을 분산시켜 나누는 것을 포트폴리오라 한다.

# 02 주식을 이용한 투자 전략

코스피가 2,000을 돌파하면서 주식투자에 대한 관심이 어느 때보다 높아지고 있다. 그러나 주식투자에 있어서 항상 돈을 벌게해주는 고수란 없다는 게 현실이다.

세상에서 모르는 것으로 세 가지가 있다고 한다. 여자의 마음과 개구리 뛰는 방향, 그리고 주가이다. 그중에서도 주가는 정말예측할 수 없는 것이어서 귀신도 모른다는 말이 생기는 것이다.

그러면 주식에 대한 공부와 연구가 필요 없다는 것인가? 그렇지 않다.

남다른 투자비법은 있을 수 없지만 많은 경험을 통해 자신만의투자원칙과 철학을 쌓아나갈 때 비로소 감을 느끼게 되는 것이다.

주가란 한 기업의 내재적인 가치를 나타내는 지표다.

주가는 주식의 불확실한 미래가치를 현재가치로 바꾸는 것과다름없다. 문제는 예측과 전망이 얼마나 정확한가이다.

기업의 가치가 오르면 투자수익이 올라갈 것이고 그 반대이면 손해를 볼 것이다.

주식투자는 경제상황과 기업에 대한 치밀한 정보 분석 그리고 시장에 참여한 사람들의 심리분석, 마지막으로 자신이 투자하고 있는 상황에 대한 냉철한 인식이 요구되는 것이다.

주식투자의 네 가지 방법

주식 시장은 불확실하지만 한 가지 확실한 것은 주식에 투자하지 않고는 적정 수익 이상 올리기 어렵다는 사실이다. 문제는 주식에 어떻게 투자하느냐이다.

주식투자는 단지 주식을 골라 사는 데만 머무르지 않는다. 주식에 투자하는 길은 네 가지가 있다.

첫째, 기업들이 주식을 발행했을 때 싼 값으로 주식을 사는 것이다.

모든 투자의 기본은 싸게 사서 비싸게 파는 것이다. 기업이 주식을 발행할 때 사면 싸고 안전하게 살 수 있다.

대표적인 방법으로 실권주 청약, 공모주 청약, 전환사채, 신인수부 사채 등을 꼽을 수 있다. 주식투자의 고수 중에서 오로지 이 발행시장만 애용하는 이들도 매우 많다.

둘째, 남에게 맡겨 주식에 투자하는 것이다.

보통 주식형 수익증권, 뮤추얼 펀드 등 펀드형 투자 상품이 이에 해당한다.

셋째, 발행 시장 투자 방법과 비슷한 것으로 제도권 밖에서 증권시장 상장 또는 등록되기 전의 기업들의 주식에 투자하는 방법이 있다.

넷째, 증권거래소 시장이나 코스닥 등록 시장에서 자신이 원하는 주식을 사는 것이다.

우리가 보통 주식투자라고 할 때는 주로 이 방법을 말한다고 할 수 있다.

기업들의 주식이 거래되는 시장은 증권거래소 시장과 코스닥 시장이 있다. 증권거래소 시장에서 거래되는 기업을 상장기업이라 하고 벤처기업 등 코스닥 시장에서 거래되는 기업을 등록기업이라 한다. 이런 기업들의 주식을 사기 위해서는 증권거래소에 계좌를 트고 주식 주문을 하면 된다.

발행시장 투자의 요령

발행시장 투자란 기업들이 주식을 공개하거나 증식을 할 때 그 주식을 사는 것을 말한다. 기업들은 자금조달을 원활히 하기 위해 싸게 주식을 발행한다. 발행시장에서 주식을 사면 보통 30% 정도 싸게 살 수 있다. 따라서 주식을 싸게 살 수 있다는 것이 발행시장의 첫번째 장점이다.

둘째, 부지런하면 기본은 건질 수 있다. 주식투자를 하게 되면 경제신문을 읽거나 인터넷을 검색하여 자신이 투자한 종목의 움직임을 살펴보아야 한다.

발행시장의 투자는 이런 노력의 3분의 1만 들여도 주식에 투자하는 수익률이 가능하다.

셋째, 초보자들도 쉽게 접근할 수 있다. 증시 격언에 1%의 영리한 사람을 위해서 99%의 어리석은 사람들이 돈을 갖다 바친다는 말이 있다.

99%의 어리석은 사람들이란 겁없이 덤벼드는 초보자들을 말한다. 많은 정보와 투자기법을 가진 외국투자자들과 기관투자들에 비해 초보자들은 한마디로 밥이다.

그러나 초보자들은 발행 시장 투자를 적극 활용하면 외국인투자자들이나 기관투자자들과 싸울 필요가 없다. 또 몇 가지 원칙만 지키면 투자손실을 최소화할 수도 있다.

03 주식을 검토할 때와 매도할 때

　주가는 한마디로 귀신도 모른다는 말이 있다. 그만큼 어렵다는 얘기다. 주식 전반에 걸쳐 어렵지 않은 것이 없다. 기업을 분석하는 일, 어떤 주식이 계속 상승할 주식인지 등등 어렵지 않은 것이 없다. 그중에서 무엇보다도 중요하면서 매우 어려운 것은 두 가지로 요약할 수 있다.

　하나는 주식을 언제 사고 언제 팔아야 하는지 그 매매 타이밍을 아는 것이고, 다른 하나는 어떤 주식을 사야 하는 것인가이다. 기업분석, 거래량, 총 매매가, 차트 분석 등이 모두 이 두 가지를 알기 위함이라고 해도 과언이 아니다. 이 두 가지를 몰라서 다른 사람이 산 주식은 오르는데 자기가 산 주식은 오르기커녕 내려가 속을 태우는 일이 주식시장에서 흔히 볼 수 있는 일이다.

　본서에서는 이 두 가지에 대해서 가장 원론적인 것만 언급하려고 한다. 가장 보편적인 것에 진리가 있다는 사실을 믿기 때문이다.

당신이 산 주식을 이제 검토해야 할 때는 다음과 같은 경우를 생각해야 한다.

- 그 회사가 계속 성장하고 있는가?
- 좀더 좋은 회사로 성장하고 있는가?
- 재정적인 측면에서 작년보다 발전되었는가?
- 경영진이 시대에 맞는 전략을 세우고 있는가?
- 당신은 여전히 그 회사의 미래를 믿고 있는가?
- 여전히 그 회사의 주식을 보유하고 싶은가? 아니면 팔고 싶은가?

당신이 투자한 회사에 위험 징조가 보여도 곧 팔 필요는 없다. 왜냐하면 위기를 극복하는 회사들이 많기 때문이다. 이런 회사를 우리 주위에서 얼마든지 볼 수 있다.

주식은 어떤 경우에 팔아야 하는가? 주식을 팔아야 할 수많은 경우 중에서 몇 가지만 소개한다.

- 그 회사의 주식을 산 이유가 더 이상 없어졌을 때
- 그 회사의 실적이 예상 외로 저조할 때
- 그 회사의 운영진이 부정으로 사회에 물의를 일으켰을 때
- 그 회사가 무엇으로 돈을 버는지 파악할 수 없을 때
- 앞으로 돈이 필요한 일이 생겼을 때
- 주식이 지나치게 고평가되었다고 생각이 들 때

- 훨씬 더 매력적인 투자 종목을 발견했을 때
- 주가가 매수 시절 가격으로 오르기만을 죽치고 앉아서 기다릴 때

이외에도 주식을 팔아야 할 때는 더 많이 있다.

배당주

배당이란 한 영업연도가 지나 결산이 확정된 후 회사가 주주에게 주식이나 금전을 나누어 주는 것을 말한다.

결산기가 12월 말인 회사를 12월 결산법인이라고 하는데, 이 경우 주주는 12월 말 현재 주식을 가지고 있어야 배당을 받을 수 있다. 1월부터 주식을 보유하고 있다가 12월 초에 팔아 버렸다면 배당을 못 받게 되지만, 12월 중순에 주식을 샀어도 연말까지 며칠 동안만 보유하고 있으면 배당을 받게 되는 것이다.

이 배당에 대해서는 액면배당과 시가배당의 차이를 확실히 구별해 둘 필요가 있다. 즉 액면가 5천 원인 어떤 회사가 액면 기준으로 10% 배당을 하면 500원을 받게 되지만, 현재 주가가 1만 원이라면 실제로는 1만 원 투자해서 500원의 수익을 올릴 수 있게 되어 시가배당률 또는 배당수익률은 5%로 낮아지게 된다.

이렇게 볼 때 액면배당을 아무리 많이 준다고 하더라도 주가가 높다면 투자수익률이 낮아질 수밖에 없는 것이다. 따라서 투자자 입장에서는 액면배당률 대신에 시가배당률이 더 큰 의미를 지니

167

고 있는 셈이다.

한편 주식을 새로이 발행하여 배당하는 주식배당의 경우 자본금이 늘어나게 되는데, 주식배당은 이익 배당총액까지 할 수 있다. 그러나 주가가 액면 미달인 경우에는 예외로 한다.

주식배당을 할 때 보통주에게는 보통주를, 우선주에게는 우선주를 주도록 되어 있다.

그리고 주식배당의 경우는 결산기가 지난 후 배당락(매매되는 주식에서 최근의 배당을 받을 권리가 없는 상태)을 시켜 주가를 조정하는 반면, 현금배당의 경우는 배당락을 별도로 행하지 않고 결산기 말의 주가를 기준 주가로 그냥 사용한다.

한편 유가증권 상장회사나 코스닥 등록회사는 영업연도 중 1회에 한해 중간배당을 금전으로 할 수 있는데, 정관에 근거가 있어야만 한다. 예를 들어 12월 결산법인의 경우 6월 말 현재의 주주를 기준으로 실시할 수 있는데, 이때 중간배당 기산일로부터 45일 내에 이사회 결의가 있어야 한다.

중간배당금은 이사회 결의일 후 한 달 내에 지급해야 한다. 그러나 대차대조표상의 순자산액이 자본금, 적립된 자본준비금과 이익준비금의 합계, 적립해야 할 이익준비금의 합계에 미달할 우려가 있는 경우에는 중간배당을 해서는 안 된다.

배당과 관련된 투자 포인트를 짚어 보면 다음과 같다.

① 배당을 많이 주어도 주가가 높아 배당수익률이 낮은 경우가 있는데, 이때 실적 호전 자체가 주가에 긍정적으로 작용할 수 있다.

② 시가배당 수익률이 은행의 1년 만기 정기예금 수준을 넘는 종목은 단기 매매에 유리하다. 즉, 주가가 예상 배당분을 넘어서면 팔아 버리는 것이 나을 수도 있다.

③ 배당 관련 호재에다 증자가 겹치는 경우 더 큰 수익을 올릴 수 있다.

배당과 관련해서 투자자 입장에서는 액면배당이냐 아니면 시가배당이냐가 매우 중요하다. 전체 당기 순이익 중에서 배당을 어느 정도 주주에게 지급하느냐를 보여 주는 지표가 '배당성향' 이다. 회사에서 주주를 중시하는 경영을 하고 있는지를 판단하는 잣대로 배당 성향을 활용할 수 있다.

04 비상장, 미등록 주식 투자의 비결

비상장, 미등록 주식을 만날 수 있는 곳은 명동 등의 사채시장 이다. 경제신문의 금융 광고란을 보면 각종 주식을 거래한다는 광 고를 볼 수 있다. 바로 이런 업체들이 사채시장에서 주식을 거래 하는 곳이다.

비상장 주식이 유통된 길은 두 가지다. 하나는 경제신문의 금 융광고를 통해서이고, 또 하나는 인터넷을 통해 정보를 제공하는 회사를 이용하는 것이다.

비상장 주식의 가장 큰 매력은 제도권에 비해 안전하면서도 높 은 수익률을 올릴 수 있다는 점이다. 비상장 기업의 주식은 상장 하기 전의 기업이므로 값이 쌀 수밖에 없다. 이는 상장 또는 등록 하기 전의 기업들이 기업공개를 통해서 상장할 때 주가를 낮게 발 행하는 것과 마찬가지 이치다.

비상장 주식에 투자하는 방법은 두 가지가 있다. 하나는 상장 이나 등록이 예상되는 기업의 주식을 사채시장에서 미리 사두었다가 상장 후 시장에 내다 파는 것이다.

다른 방법은 일반 주식처럼 단기로 투자하는 것이다. 비상장 주식은 매입가와 매도가의 차이가 통상 5%~10%에 달할 정도로 크다. 이를 잘 이용하면 단기간에 시세차익을 얻을 수 있다.

비상장, 미등록 주식을 거래할 때 다음과 같은 점을 유의하면 손해 없이 주식을 살 수 있다.

첫째, 비상장 주식은 주식실물로 거래되는 경우가 많으므로 반드시 진위 여부를 확인해야 한다. 진위 여부를 확인하는 길은 발행회사의 총무나 주식 관련 부서에 문의하면 된다.

둘째, 증권 예탁종목이 아닌 경우에는 또한 주식매매 계약서를 작성한 후 매도자와 매수자의 인적 사항 및 주민 번호 그리고 매매계약을 기재해야 한다.

셋째, 명의 개서 가능 여부를 확인해야 한다. 명의 개서란 주주 명부에 등재하는 것을 말한다.

넷째, 세금 문제를 알고 있어야 한다.

주식 투자 3대 성공 전략

전략 1. 스스로 판단하여 투자한다.

① 코스피가 중요한 것이 아니다.

오늘날 주가가 고공행진을 하면서 코스피 2,000선을 넘어섰다. 전문가마다 다르지만 2,300선까지 내다보는 사람도 있다. 그런데 유의할 것은 코스피만 바라보지 말라는 것이다. 10년 전에 사들인 주가가 100포인트 상승한 것도 있지만, 무려 500배나 오른 주식도 있다는 것이다. 이것은 코스피가 지금껏 박스권 안에 있지만, 회사별로 보면 수십 배 이상 오른 종목도 많다는 점이다.

② 주가 상승은 자기자본 이익률이 높은 것과 관계가 있다.

자기자본 이익률(ROE)은 회사의 경영자가 기업에 투자한 자본을 사용하여 어느 정도 이익을 올렸는가를 나타내는 것으로, 자기자본 이익률이 10% 높으면 그 회사의 주가도 1년에 10% 정도 올

172

랐다는 것이다.

이렇게 자기자본 이익률이 높은 기업은 외국인이나 기관투자자들의 주요 투자지표로 활용하기 때문에, 투자하는 사람의 입장에서는 최근 2년 동안 자기자본 이익률이 높았는지를 참조할 필요가 있다.

③ 글로벌 기업의 주가가 오른다.

글로벌 기업이란 국제시장에 도전하는 기업으로, 국내 시장에서 승부를 걸겠다는 기업은 잠깐 반짝하여도 오래가지 못하고 밖으로 나가는 기업만이 장수를 할 수 있다. 그래서 모든 기업들이 글로벌 기업을 지향하고 있다.

④ 부채 비율이 낮아지고 있는 기업

부채가 많은 기업은 장사를 해서 돈을 많이 벌어도 그만큼 이자가 많이 나가는 회사이다. 그런 기업의 전망이 어두울 수밖에 없다는 것을 우리는 IMF 때 겪어서 잘 알고 있다.

⑤ 독과점 기업인가?

독과점 기업은 만들어내는 제품 혹은 서비스가 물가상승률에 비해 가격을 올릴 수 있는 경쟁력을 가지고 있다. 그렇지 못하면 경쟁에서 제 살 깎아먹기로 경쟁을 벌이다가 도산하기에 이른다. 따라서 시장 지배력이 있어 가격을 물가 이상으로 움직일 수 있는 회사의 주식이 투자하기에 좋다.

전략 2. 전문가 말에 귀를 기울여라.

증권사에서 추천하는 주식은 모두 우량주이며, 상승장에서는
효과가 많지 않을지라도 하락장에서는 쉽게 무너지지 않는 장점
이 있다. 따라서 특히 초보자들은 이런 전문가의 말에 귀를 기울
일 필요가 있다.

전략 3. 대주주 따라하라.

주식시장에서 해당주식의 5%가 넘게 지분을 가진 대주주가 1%
이상 주식을 사거나 팔 때에는 5일 이내에 신고해야 하는 규정이
있다. 그리고 단 한 주라도 매매가 발생하면 한 달 이내에 신고를
해야 한다. 그러면 이 신고내용이 금감원 전시공시에 올라온다.
따라서 대주주가 자신의 회사 주식을 언제 얼마만큼 사고팔았는
지를 알 수 있다. 바로 이런 대주주들의 동향을 살펴보고 이들이
하는 대로 하라는 것이다.

건강을 지키고 인생을 즐기는 법을 배워라

노후에 건강만큼 중요한 것은 없다. 그런데 많은 사람들이 건강에 대해서는 그렇게 신경을 쓰지 않는다. 건강쯤이야 자신있다고 생각하고 있기 때문이다. 그런데 노후에 건강에 문제가 생기는 사람들은 거의가 젊었을 때 건강한 사람들이었음이 통계상에 나온다. 그것은 젊었을 때 건강에 신경을 쓰지 않았기 때문이다.

노후의 건강은 돈 보다 중요하다. 따라서 젊었을 때 운동을 시작하여 건강관리를 해야 한다.

노후에 인생을 즐기기 위해서는 매사에 관심을 갖는 것이다. 매일 아침 신문에 나는 일이나 주위에서 일어나는 일에 대해서 관심을 갖고 참여할 수 있으면 참여하여 활동하는 것이 인생을 즐기는 방법이다.

SECTION 3

저금통장 프러스 알파

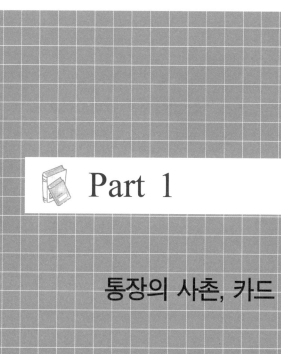

Part 1

통장의 사촌, 카드

01 생애 주기별 카드 활용법

한 조사에 의하면 우리나라 한 사람의 평균 카드 보유 수가 2.5장인 것으로 나타났다. 카드 사용은 이제 보편화되어서 어느 특정부류의 사람들이 사용하는 전용물이 아니다.

카드는 잘 사용하면 그야말로 몸이 아파 갑자기 병원에 갈 수없을 때 치료약으로 활용할 수 있는 비상약과 같은 역할을 한다. 그러나 잘못 사용하면 패가망신을 하는 주범이 된다. 우리 주변에 카드를 잘못 사용하여 카드 빚으로 인하여 망한 사람이 수없이 많다.

카드 사용이 일반화되면서 카드 사용의 현명한 방법을 알려주는 글은 이제 새로운 정보라고 할 수 없게 되었다. 수많은 재테크에 대한 서적이나 경제서적에서 카드 사용에 대해서 우리가 식상하도록 많은 글들을 보아 왔기 때문이다. 그럼에도 불구하고 아직도 많은 사람들이 카드 빚으로 인해서 고통을 받고 있다. 이런 고통을 받지 않고 집에 보관하고 있는 비상약처럼 잘 활용할 수 있는 방법을 제시해본다.

카드를 잘 쓰기 위해서는 세대별 활용 방법이 달라야 한다. 왜
냐하면 카드 사용 목적이 세대별로 다르기 때문이다.

■ 20~30세대 : 체크카드를 많이 사용하여 낭비를 막자

20~30세대는 대부분 사회초년생이나 미혼 직장인이다. 이들이
미래를 위해서 종잣돈을 모으려면 우선 소비부터 줄여야 한다. 미
혼 때부터 돈을 모아야 하는데 소득도 많지 않으면서 계획 없이
돈을 쓰게 되면 미래를 설계할 수 없다. 따라서 허리띠를 졸라 매
어야 하는 20~30세대에게 알맞은 카드는 체크카드이다.

체크카드는 결제 즉시 돈이 빠져나가는 카드로 통장에 잔고가
있는 한도 내에서 사용할 수 있는 카드이다. 따라서 통장에 돈이
들어 있지 않을 때에는 사용할 수 없으므로 절제와 소비 통제가
가능하다.

신용카드와 달리 연회비가 없는 장점도 있으며, 또한 새해부터
카드 사용할 때 사용액의 30%까지 소득공제가 되는 혜택도 있다.

체크카드 사용 시 주의해야 할 점은 자정에 간혹 사용이 불가
능할 경우가 있다. 즉 통장에 잔고가 있는데도 불구하고 사용이
불가능할 경우가 있다는 것과 결제 취소를 할 경우도 신용카드와
달리 며칠이 걸리며, 할부로 물건을 구입할 수 없다는 점도 기억
해야 한다.

40~50세대는 거의가 자녀가 있는 세대이다. 게다가 자녀가 다 성장한 경우가 많으므로 지출이 많을 수밖에 없다.

교육비가 많이 들어가는 경우, 교육비를 줄이기 위해서는 카드를 사용할 때 교육비를 깎아주는 카드를 사용하는 게 좋다. 교육비가 할인되는 카드를 사용하면 1년에 적어도 수십만 원은 절약할 수 있다. 이 경우 자녀가 다니는 학원이 적용되는 가맹점에 가입했는지 꼼꼼히 따져봐야 한다. 자녀가 다니는 학원이 '대형서점' '문화센터' 의 가맹점으로 구분되어 있으면 할인이 되지 않는다.

또 전국 어느 학원에나 적용되는 카드는 1~2만 원 정도밖에 할인되지 않지만, 어느 특정 학원에만 적용되는 카드는 할인 폭이 크다.

카드를 현명하게 활용하는 또 하나의 방법으로 아파트 관리비에 사용하는 경우이다. 대부분의 아파트가 관리비를 자동이체로 수납하여 통장에 잔고가 없을 경우 연체가 된다. 이 경우 카드를 사용하면 연체사고를 막으면서 할인 혜택도 받을 수 있다. 그러나 아파트 관리비는 일정 수준 넘어야 할인해 주며 카드 실적에는 포함되지 않는다는 점을 기억해야 한다.

■60~70세대 : 의료비 부담 덜어주는 실버카드

카드사들이 제공하는 혜택 중에서 노인층을 대상으로 우선시되는 혜택은 무엇보다도 의료 관련 서비스들이다.

실제로 60~70대 카드 사용 내역을 살펴보면 주로 병원비에 많이 사용되고 있는 것으로 나타났다. 병원 할인에 특화된 카드는 종합병원은 물론이고, 일반의원, 한의원, 약국 등에서 5~10% 할인을 해주고 있다. 그러나 전월 사용액에 따라 할인율이 달라지고, 할인 한도도 정해져 있다는 점을 유의해야 한다.

여유가 있는 실버 계층은 취미생활이나 여가 활동에 초점을 맞춘 카드를 활용해보는 것이 좋다. 연회비가 10만 원 정도로 좀 비싸기는 하지만 호텔 숙박권이나 무료 국내 항공권의 혜택을 주기 때문에 실속을 챙길 수 있다.

국민연금 가입자인 실버세대는 국민연금과 연계된 카드를 활용하면 많은 혜택을 볼 수 있다. 현재 신한카드와 국민연금 관리공단과 제휴하여 지난해부터 단독으로 발급 중인데, 65세 이상 실버세대들에게 종합건강관리 서비스는 물론이고, 병원비 10% 할인, 철도승차비 50% 할인 등 다양한 서비스를 제공하고 있다.

60~70대들은 젊은이들처럼 꼼꼼히 카드를 챙길 수 없으므로 자신이 쉽게 혜택을 받을 수 있는 분야로 카드 포인트를 집중하여 선택하여 관리하는 것이 좋다.

카드를 한 장으로 몰아라

지금까지 카드를 사용하는 소비자들은 카드사가 제공하는 여러 가지 서비스로 인해서 많이 가지고 있을수록 남는 장사였다. 그러나 지난해 말 중소가맹점 수수료 인하 발표와 금융당국의 카드론 규제강화 등이 발표되면서 여러 장의 카드를 보유해도 쓸모가 없게 되었다. 카드사들이 수익을 올리기 위해서 갑자기 서비스를 대폭 축소시켰고, 이용 조건도 예전과 달리 매우 까다로워졌다.

그 예의 하나로 영화관에 가서 카드로 결제할 때 1,000원씩 할인해 주던 서비스를 이제 전월 카드 사용액이 30만 원 이상인 소비자들에게만 혜택을 주기로 한 것이다. 게다가 전월 30만 원 상당의 신용 판매를 쌓기 어렵게 된 것은 카드사들이 전월 실적에 포함되지 않는 여러 가지 항목들을 만든 결과이다. 전월 실적에서 현금서비스는 제외된다. 또 각종 공과금도 사용 실적에서 빠진다.

따라서 앞으로는 여러 장의 카드를 이용할 것이 아니라 똑똑한 카드 한 장만 소유하고 활용하는 것이 유리하다.

카드사 입장에서 매년 물가가 상승하고 있는 상황에서 최소한의 수익을 유지하기 위해서는 전월 30만 원 이상은 되어야 한다는 논리다. 따라서 부가서비스나 할인 혜택이 줄어들었으므로 카드를 사용할 때 자신에게 적합한 카드 한 장을 보유하여 잘 활용하는 것이 바람직하다.

카드 연회비 절약법

신용카드를 선택할 때 고려 사항의 하나가 바로 연회비다. 카드 연회비는 작게는 2,000원에서 많게는 100만 원에 이른다. 많든 적든 연회비가 아깝다고 생각하면 아끼는 방법이 있다. 그러나 연회비가 많으면 많은 만큼 혜택도 많으므로 잘 활용하면 손해는 보지 않는다.

카드사가 같을 경우 여러 장의 카드를 가지고 있을 때 연회비가 가장 많은 카드만 내면 된다.

카드사가 다를 경우에는 각각 연회비를 내어야 한다. 또 연회비는 연체비가 없으므로 설령 제때 연회비를 내지 못할지라도 연체비를 물지 않는다. 그런데 결제 계좌에 잔금이 있을 경우 연회비가 가장 먼저 빠져나간다. 따라서 연회비를 줄이려면 해외에 나가는 일이 없을 경우 국내 전용 카드를 사용하는 것이 연회비를 아끼는 방법이다.

해외에 많이 나가는 사람들은 비자나 마스터 등 국제 브랜드 카드를 많이 사용한다. 그런데 국내 브랜드 카드를 해외에서 사용할 때는 연회비로 5,000원이 추가된다. 해외에 나갈 일이 많지 않은데 공연히 국제 브랜드 카드를 여러 장 가지고 있으면 손해다. 이럴 때는 국내 전용 브랜드 카드를 가지고 사용하는 것이 좋다.

친지나 이웃의 권유로 카드를 발급받아 놓고 쓰지 않고 장롱에 묻어 둔 카드들은 사용하지 않아도 연회비가 나오므로 카드사에 연락하여 사용하지 않는다는 것을 알리고 연회비를 물지않도록 하는 것이 좋다.

04 카드 포인트 똑똑하게 사용하기

카드를 사용할 때 사람들이 좋아하는 혜택 중의 하나가 포인트 적립이다. 카드를 사용하면서 적립된 포인트는 제휴된 주유소에서 현금으로도 교환할 수 있는 매력이 있다. 그런데 많은 사람들이 이렇게 좋은 포인트를 쌓아 두기만 하고 이용할 줄을 모른다. 금융감독원에 따르면 지난 5년간 사용하지 않아 날아가 버린 포인트 적립금이 무려 6,000억 원에 달한다.

카드 포인트는 유효기간이 5년이기 때문에 5년이 지나면 무용지물이 된다.

최근 카드 포인트 사용할 수 있는 곳이 몇 군데 더 늘었다. 즉 전기요금과 상하수도요금, 과태료이다.

우선 신용 카드 포인트로 지방세와 자동차세 등 세금을 낼 수 있다. 서울시가 작년부터 시행했는데 홈페이지(etax.seoul.go.kr)를 방문하여 사용할 수 있다.

행정안전부 24민원 포털(www.minwon.go.kr)에서 토지대장등본, 가족관계증명서 등을 뗄 때도 카드 포인트를 사용할 수 있다.

또 작년 말부터 전기요금도 포인트로 낼 수 있게 되었다. 한국전력에 따르면 계약 전력 7kw 이하 모든 전력(가정용, 산업용, 주택용) 등에 신용카드 포인트로 요금을 납부할 수 있다. 인터넷 사이버지점(cyber.kepco.co.kr)을 통해 결제할 수 있다.

 신용카드를 멀리하고 체크카드를 주로 사용하라

대부분의 사람들이 저축을 하지 못하는 것은 신용카드를 사용하기 때문이다. 매달 카드 결제액이 다음 달로 이월되며 결제 금액이 달라지기 때문에 저축을 하지 못하는 경우가 많다.

신용카드는 당신의 저축 의지를 꺾는 마약 같은 존재라고 할 수 있다. 신용카드는 한 번 사용하게 되면 계속 긁게 되어 끝내 신용불량자로 전락할 가능성이 크다.

따라서 신용카드를 멀리하고 체크카드를 사용하는 것이 좋다. 체크카드는 포인트 혜택을 비롯하여 여러 가지 서비스 혜택이 주어진다.

따라서 비상으로 사용할 수 있는 신용카드 한 장만 남겨두고 일상생활에서는 체크카드를 사용하는 것이다.

신용카드와 체크카드의 비교

분류	신용카드	체크카드(직불형 신용카드)
사용 가능한 곳	신용카드 가맹점(약 3백만 개)	체크카드 가맹점(약 3백만 개)
지불 방식	신용 공여(외상 구매)	전자자금이체
이용 한도	신용 한도액	예금 잔액
결제 방법	선구매 후 결제	구매와 동시 결제
승인 절차	신용한도액, 신용불량 여부 확인	예금잔액 확인
이용 가능 시간	24시간	24시간(심야 점검시간(20~30분) 및 특정 정검시간 제외)
할부 구매	가능	불가능
현금서비스	가능	(신용공여 기능 있으면)가능
소득공제	연봉의 15%를 초과하는 사용 금액의 20%(연간 500만 원 한도)	

 # 연말 소득공제로 혜택받자

　매년 연말정산 때마다 샐러리맨 사이에서는 희비가 엇갈린다. 어떤 사람은 50만 원 정도의 공돈이 생기기도 하고, 어떤 사람은 오히려 세금을 더 내야 하는 상황을 맞기도 한다.

　연말정산 때 다른 사람보다 더 많은 세액을 환급 받으려면 각종 공제 서류를 잘 챙겨야 하지만, 신용카드를 평소 어떻게 사용하느냐에 따라 소득공제액이 달라진다.

　신용카드를 이용한 재테크의 기본은 신용카드를 돈이 되도록 쓰는 방법이다. 카드를 아무리 많이 사용한다 하더라도 현금서비스, 해외결제 등만 이용한다면 소득 공제와 같은 혜택은 받을 수 없다.

　소득공제 부분이 많으면 많을수록 이미 낸 세금에 대하여 환급 받는 금액 또한 커지게 된다.

신용카드 소득공제 제도

임금을 받는 근로 소득자를 대상으로 전년 12월에서 당해 연도 11월까지 신용카드 사용액이 연간 총 급여액의 10%를 넘으면 초과 사용금액의 20%를 근로소득금액에서 공제 받는 제도로, 신용카드로는 최고 500만 원까지 소득공제가 가능하다. 하지만 신용카드 사용금액 전체를 다 공제 받는 것은 아니므로, 효과적으로 사용하는 지혜가 필요하다.

신용카드 소득공제를 많이 받는 나름의 비법을 소개한다면 일단, 생활전반에서 현금이 아닌 신용카드를 사용하는 것이다. 1만 원 내외의 소액결제부터, 병원에 가거나, 안경을 바꿀 때에도, 쇼핑을 할 때는 물론 심지어는 회사에서 야근을 하면서 저녁 식사를 할 때에도 어김없이 신용카드로 결제하는 것이다.

그로 인해 한 달 신용카드 사용액이 150만 원을 넘을지 모르지만, 신용카드를 시의적절하게 잘 사용한 덕분에 연말정산 때마다 소득공제 혜택을 톡톡히 보게 될 것이다.

의료비, 교육비는 이중으로 혜택이 있다

의료비와 교육비는 연말정산 때에는 별도의 공제를 받지만, 신용카드 소득공제 대상에도 포함되므로 각종 병원비나 교육비를 신용카드로 결제하는 것이 유리하다. 총 급여의 3%를 초과하는 근로소득자는 본인의 의료비 지출금액에 대해서는 한도금액(500

만 원)에 상관없이 무제한 소득공제가 가능한 데다 신용카드 소득
공제까지 받을 수 있기 때문에 일거양득이다. 가족 의료비의 경우
500만 원까지 소득공제를 받을 수 있다.

바뀌는 제도에 민감하라

요즘은 각종 인터넷 사이트에서 신용카드 소득공제에 대한 내
용을 자세히 알려주고 있으며, 그와 더불어 자신의 상황에 맞게
계산할 수 있도록 서비스를 제공하는 곳도 있다. 하지만 뭐든지
자신이 그러한 정보를 사용하는 데 익숙해져야 한다.

소득공제에 대한 내용은 매년 조금씩 바뀌고 있다. 따라서 바
뀐 내용들을 그때그때 파악하여 1년 내내 연말 정산에 대비해야
한다.

특히 신용카드 소득공제는 연말에 준비하면 때가 늦는다. 바뀐
제도에 맞춰 그때그때 계획적으로 사용해야 연말에 세금을 줄일
수 있으며, 더불어 보너스와 같은 공돈이 생길 수 있다.

Part 2

채권 투자

 채권을 이용한 투자 전략

채권의 모든 것

투자에 있어서 주식이나 부동산보다 초보자에게는 비교적 안전하고 투자하기가 쉽고 백세 시대를 준비하기에 적합하기에 채권 투자를 먼저 권하는 것이다.

채권(債券, bond)은 한마디로 차용증서이다. 당신이 남에게 돈을 빌릴 때 언제까지 얼마의 이자를 쳐서 갚겠다고 하는 차용증서를 써준다. 채권도 마찬가지이다. 채권을 보면 얼마를(액면)빌려서, 언제까지(만기), 연간 몇 %의 이자(표면금리)를 지급하겠다는 약속이 들어 있다. 채권의 가격과 금리, 즉 채권 수익률은 동전의 앞뒷면과 같다고 할 수 있다.

채권은 발행 당시 원금과 이자가 확정돼 있어 만기 때 얼마를 받을지 미리 알 수 있다. 이자가 시장금리에 따라 달라지는 변동금리부채권(FRN)도 있지만 대개는 채권 표면에 이자가 표시돼 있다(표면금리). 발행자는 수익을 내건 그렇지 않건 이자를 지급해야 한다. 이것이 수익을 내지 못하면 배당을 하지 않아도 되는 주식과 다른 점이다.

채권은 또 기한이 정해져 있으며, 대개 3년, 5년 등 장기이다. 때문에 주식처럼 유통시장이 있어 만기 이전에 사고팔 수 있도록 돼 있다. 유동성과 환금성이 어느 정도 확보되는 것이다.

채권은 신용도가 높은 국가기관이나 주식회사 등으로 발행 자격이 한정돼 비교적 안전하다고 할 수 있다. 공사채와 회사채는 신용평가기관이 신용등급을 매기기 때문에 위험을 회피하거나 높은 이자를 받기 위해 어느 정도의 위험을 선택할 수도 있다.

채권 구입자는 표면금리에 해당하는 이자를 정기적으로 받을 수도 있고, 금리 변동에 맞춰 적기에 팔아서 이익을 올릴 수도 있다. 채권을 산 뒤 금리가 내리면 채권 값은 올라간다.

채권은 종류가 무척 많다. 주식은 보통주와 우선주 정도로 나뉘지만 채권은 같은 회사에서 발행했더라도 발행 회차가 다르면 서로 다른 채권으로 취급된다. 국내에서 발행돼 유통되는 채권은 1만 종류가 넘는 것으로 파악되고 있다.

주식은 주식회사만 발행하지만 채권은 발행할 수 있는 범위가 훨씬 넓다. 채권은 발행자에 따라 국채, 지방채, 특수채, 금융채, 회사채 등으로 나눌 수 있다.

채권 투자 요령

① 투자 목적을 고려한 다음 투자한다.

채권은 발행자, 만기, 표면금리, 이자 지급방법, 세금 부과 등에 따라 종류가 다양하다. 투자하려는 자금의 성격에 맞는 채권을 선택해야 한다.

가진 돈이 5년 이상 여유 있게 묻어둘 돈이라면 금리도 높고 분리과세도 되는 은행의 후순위채나 복리로 이자를 지급하는 국민주택채권(1종)에 투자하는 것이 좋다.

퇴직한 다음 퇴직금을 묻어 두고 주기적으로 지급되는 이자로 생활하려면 국고채나 회사채처럼 이표채(3개월이나 6개월 단위로 채권 뒷면의 이표를 떼어서 이자를 받는 채권)를 선택하는 것이 좋다.

② 투자 기간과 채권 만기를 맞추어라.

당신이 생각하는 투자 기간과 만기를 맞추는 것도 중요하다.

이것은 향후 금리가 오를지 내릴지를 예측하는 것과도 연관이 있다. 만기까지 채권을 보유하고 여기서 나오는 이자를 획득할 생각이라면 투자기간과 비슷한 범위의 채권을 가장 수익률이 높을 때 (채권값이 쌀 때) 사는 것이 원칙이다. 원하는 시점에서 돈을 찾을 수 있는 환금성도 중요하기 때문이다.

하지만 앞으로 채권의 유통수익률이 내려간다고 생각하면 만기보다 좀 긴 채권을 사는 것도 좋은 방법이다. 단, 중간에 원할 때 팔 수 있는 환금성이 있는 채권이라야 한다.

③ 안정성과 수익성 중 선택을

안정성과 수익성은 서로 역관계이다. 채권도 마찬가지이다. 국고채나 통화안정증권처럼 정부나 한국은행이 발행한 채권은 안전하지만 상대적으로 이자율이 낮고, 회사가 파산하면서 휴지가 되는 회사채(특히, 요즘 대부분의 회사채는 무보증채이다)는 같은 3년 만기짜리도 국고채에 비해 1% 포인트 이상 금리가 높다.

그런 회사채 중에서도 삼성전자처럼 우량한 AAA급 회사채와 투자적격 등급의 마지막인 BBB급 채권 사이에는 3~4% 포인트 이상 금리 차이가 있다.

④ 좋은 종목을 골라야 한다.

당신이 유리한 채권을 사려면 언제 어느 곳에서 조건이 좋은 채권이 나오는지를 알아야 한다. 최근 인기를 끌고 있는 은행의 후순위채는 발매 예고가 난 뒤 얼마 지나지 않아 매진돼 버리기

197

때문에 당신은 발행 정보를 관심 있게 지켜봐야만 구할 수 있다.

국고채는 매월 첫 주~셋째 주 월요일에 입찰을 해 목요일에 발행을 하고, 한국은행이 발행하는 통화안정증권은 매주 금요일에 일반인에게도 창구판매를 한다. 이런 발행 정보는 증권회사의 채권정보 사이트나 최근 들어 활발히 운영되고 있는 채권 전문 사이트를 이용하면 쉽게 얻을 수 있다.

⑤ 발행시장과 유통시장을 잘 선택해야 한다.

채권을 직접 사는 방법은 크게 새로 발행될 때 청약하는 것과 이미 발행돼 유통 중인 채권을 사는 것이 있다.

새로 발행되는 회사채를 사려면 주간사 또는 인수단에 속한 증권사에서 청약을 하면 된다. 청약에 특별한 제약은 없으며 청약단위는 보통 1,000만 원 이상이다.

통화안정증권은 매주 금요일에 한국은행 전국 지점에서, 산업은행이 발행하는 산업금융채권은 산업은행 창구에서, 은행이 발행하는 은행채는 각 은행에서 청약을 하면 된다. 국채는 국채전문딜러로 지정된 은행이나 증권사 등이 입찰을 대행하므로 이를 이용하면 된다.

채권을 직접 살 수 있는 곳

금융회사취급	채권 종류
증권회사	국공채, 금융채, 회사채, 주식형 채권 등 대부분 채권
은행	은행 보유 국공채, 은행채(후순위채 포함), 산금채(산은)
종금사	회사채와 기업어음 등 보유채권, 자체 발행 어음 한국은행 통화안정증권

유통시장에서 채권을 사려면 증권사에 계좌를 개설해야 가능하다. 주식투자를 해왔다면 주식투자를 하던 위탁계좌를 그대로 쓰면 된다.

이미 유통 중인 채권을 사는 것은 시장에서 형성되고 있는 그 채권의 유통수익률에 따라 할인된 가격으로 채권을 매입한다는 뜻이다. 때문에 1만 원당 채권의 단가가 얼마인지를 증권사에 문의해서 싼지 비싼지를 판단해야 한다.

⑥ 전문 증권사를 선택하는 것이 좋다.

증권사를 선택하는 것도 신경을 써야 한다. 증권사 가운데는 국민주택채권, 증권금융채권 등 특정 채권 중개를 전문으로 하는 곳이 있다. 이런 곳을 통해 사면 채권을 조금 더 유리한 가격에 살 수 있다. 회사채 등 신규 발행 물건을 살 경우 주간사나 인수단 업무를 활발히 하는 증권사일수록 청약기회가 쉽게 온다. 증권사 가운데는 자투리 채권을 세일하는 경우도 있으므로 이런 증권사와 거래를 하면 유리하다.

⑦ 계좌 개설과 주문

채권거래계좌를 개설하기 위해서는 주민등록증과 도장(사인)을 지참하고 가까운 증권회사에서 위탁계좌를 개설하면 된다. 앞에서도 말했듯이 채권계좌와 주식계좌는 동일하다. 지금 주식투자를 하는 계좌가 있으면 한 개의 계좌로 두 가지 모두 거래가 가능하다.

투자할 종목을 선택했으면 수익률과 호가를 확인한 뒤 매매주문을 내면 된다. 호가는 각 증권사가 제공하는 호가를 활용하거나 한국증권전산에서 운영하는 체크단말기를 보면 알 수 있다.

주식투자는 증거 금률이 10~20%로 낮지만, 채권투자는 사려고 하는 액수만큼 계좌에 돈이 있어야 주문이 가능하다. 즉, 증거 금률이 100%인 셈이다. 채권을 사면 실물을 인출하기보다는 증권회사에 보관해 두는 것이 유리하다. 집에서 보관하다 잃어버리거나 유실될 위험을 피할 수 있을 뿐 아니라, 증권회사에서 이자지급, 만기관리 등의 업무를 무료로 대행해 주기 때문이다.

 후순위채권

① 후순위채권 투자의 매력

후순위채권은 은행에서 발행하는 채권으로 확정금리를 보장하므로 안전하고, 정기예금보다 수익률이 높은 데다, 매달 혹은 3개월마다 한 번씩 이자를 받을 수 있어 편리하다.

다소 낯설게 느껴질 수 있는 후순위채권의 투자 매력을 따져본다.

말 그대로 선순위채권에 비해 돈을 돌려받을 수 있는 순서가 뒤로 처지는 채권을 말한다. 만일 후순위채권을 발행한 은행이 망해 문을 닫을 경우 고객예금 등 일반 채권보다 변제 순위가 뒤로 밀리기 때문에 자칫 원금을 못 건질 수 있다는 얘기다. 예로 지난해 문을 닫은 부산저축은행을 들 수 있다. 후순위채권의 금리를 예금보다 높게 쳐주는 것은 이런 위험 때문이다.

후순위채권의 장점은 무엇보다 수익률이 높다는 것이다. 올해 새로 발행된 외환은행의 3개월 이표채(3개월마다 이자를 지급하는 형식, 만기 5년 9개월)의 금리는 연 5.8%다. 불과 1년 전에 발행됐던 은행권 후순위채권의 금리가 연 7~8%였던 것에 비하면 많이 낮아졌지만 여전히 만기가 같은 정기예금에 드는 것보다 유리하다. 만기 5년짜리 정기예금이라야 연 5% 정도의 금리를 받을 수 있을 뿐이다.

② 후순위채권 구하는 절차

첫째, 급하게 현금이 필요한 사람이 은행 직원에게 후순위채 매도를 요청한다.

둘째, 은행에서 사내 전산망(게시판)에 게시할 때 구입한다.

셋째, 채권을 사고 싶다고 은행 직원에게 요청한다.

넷째, 은행 직원의 소개로 후순위채를 팔 사람을 만나 채권 양수도 신청서 작성한다.

다섯째, 파는 사람이 그간 발생한 이자에 대한 세금을 문 뒤 채권을 양도한다.

마지막으로, 은행에서 양수도 신청서에 확정일자를 받아 놓는다.(비용 건당 2천 원가량 발생)

③ 후순위채권의 종류와 투자 포인트

후순위채권에는 1개월, 3개월마다 한 번씩 이자를 타 쓰는 이표채와 만기 때 한꺼번에 이자를 찾는 복리채의 두 종류가 있다.

이표채는 별도 수입이 없는 퇴직생활자들이 생활비 마련을 위해 편리하게 이용할 수 있다는 이점이 있다. 이와 달리 복리채는

3개월마다 이자를 원금에 합친 뒤 복리로 계산해 주기 때문에 총 수익률이 높아지는 것이 장점이다.

예를 들어 신한은행이 이번에 선보인 3개월 복리채는 발행 금리가 연 5.58%이지만 복리로 계산한 6년간의 총 수익률은 39.45%에 달한다. 1억원을 넣을 경우 일반 과세(16.5%의 세율)를 적용하면 만기 때 3,294만 750원을 돌려받게 된다.

은행에 따라 1인당 4,000만원까지 세금 우대(10.5% 세율적용)로 들 수 있고, 금융소득에 대해서는 분리과세를 신청할 수 있기 때문에 세(稅)테크 수단으로도 요긴하게 이용할 만하다.

반면 단점도 있다. 만기가 5~6년으로 길고 중도상환이 안 돼 환금성이 떨어진다. 다만 만기 전이라도 은행의 중개로 다른 사람에게 팔 수 있다. 또 5~6년간 확정금리가 지급되는 상품이기 때문에 채권을 산 뒤 시중 금리가 급등한다면 수익면에서 큰 손해를 볼 가능성도 있다. 물론 현재의 금융시장 여건으로는 저금리 기조가 한동안 지속될 것으로 보인다.

후순위채권의 장·단점을 모두 고려할 때 5년 이상 묶어둘 수 있는 여윳돈 중 절반가량은 언제든 필요할 때 찾아 쓸 수 있고, 시중 금리가 올라갈 경우 수익률이 더 높은 금융상품으로 갈아탈 수 있도록 MMDA 등에 넣어 두는 편이 좋다.

후순위채권은 부정기적으로 발행되기 때문에 정기예금처럼 언제나 들 수 있는 상품이 아니라는 점도 유의해야 한다. 따라서 은행이 신규 발행하는 시기를 놓쳤다면 평소 거래하는 은행의 지점에 급매로 나온 물량을 구해 달라고 부탁해야 한다.

과거 연 7~8%에 발행됐던 물량을 구할 수만 있다면 요즘 신규로 발행되는 것보다 높은 수익률을 올릴 수 있지만 신규 발행분은 1,000만 원 단위로 살 수 있는 데 비해 급매로 나오는 후순위채권은 대개 매매 단위가 1억 원대로 큰 편이다.

하이브리드 채권

하이브리드 채권은 주식과 채권의 중간 성격을 지닌, 말하자면 짬뽕채권이다. 만기가 사실상 반영구적이고, 일반 채권은 물론이고 후순위채권보다도 상환순위가 처진다는 점은 주식과 유사하다. 반면에 이자율이 확정되어 있고, 발행자의 조기상환이 가능하며, 주식보다 변제순위가 앞선다는 점은 채권의 성격을 지니고 있다.

하이브리드 채권의 강점은 바로 높은 금리다. 은행권의 1년짜리 정기예금 금리가 연 4%대 초반까지 떨어진 초저금리 시대에 하이브리드 채권은 정기예금 금리보다 2배 정도 높은 이자를 받을 수 있다. 얼마 전 큰 인기를 모았던 외환은행의 예를 살펴보자. 이 채권은 10년간은 연리 8.5%를 확정 지급하고, 그 후 20년 동안 연 10%의 이자를 보장해준다. 앞으로도 저금리 기조가 상당 기간 이어질 것으로 예상된다는 점을 감안하면 매우 높은 금리이다.

무려 30년 동안 시중 금리의 2배 가까운 이자를 지급해야 한다는 것은 장기적인 차원에서 은행 경영 압박 요인으로 작용한다. 그런데도 은행들이 많은 이자 부담을 감수하면서까지 하이브리드 채권을 발행하는 이유는 국제결제은행(BIS)이 요구하는 자기자본비율을 끌어올릴 수 있기 때문이다. 올 들어 은행들이 수익은 떨어지는 반면 위험자산은 크게 늘고 있어, 결국 은행들은 국제결제은행 자기자본비율 등 건전성 지표를 유지하기 위해 울며 겨자 먹기식으로 대규모 자본 확충에 나설 수밖에 없는 상황이 된 것이다.

이 채권은 사실상 만기가 없으므로 최악의 경우 투자원금을 돌려받지 못할 수도 있다. 증권거래소에 상장되는 경우 중도에 상환을 받을 수도 있지만 제한적이다.

또한 발행 은행이 부도가 나거나 지급에 응하지 못하게 되면 이 채권은 예금이 아니기 때문에 정부로부터 예금자보호를 받을 수도 없다. 채권 발행사가 부실 금융사로 지정되거나 보통주 배당을 실시하지 않을 경우에는 이자를 못 받을 가능성도 있다. 약관에 '은행이 수익이 나지 않을 경우 이자를 지급하지 않을 수 있다'고 명시되어 있으므로 투자를 원한다면 반드시 약관을 한 번쯤은 읽어보아야 한다.

05 채권의 투자 원칙

① 인내심을 가져야 한다.

채권 가격은 유통 금리의 변화에 따라 매우 유동적이다. 따라서 만기 이전에 채권을 팔면 자칫 원금을 손해 볼 수도 있다. 그러나 당신이 채권을 만기까지 가지고 있으면 유통금리가 변하더라도 만기수익률은 달라지지 않는다. 그러므로 채권 가격이 낮을 때 만기가 오래 남은 채권을 매입하여 끝까지 갖고 있으면 만기때 정상 가격을 되찾은 채권 액면가에 더하여 당초의 예상 수익까지 확보할 수 있다.

채권에 투자할 때는 매매차익을 얻기 위해 공격적인 투자에 나서기보다는, 자금의 성격을 감안하여 투자기간과 채권의 만기를 일치시키면서 금리가 높을 때 사서 만기까지 보유하는 투자전략을 구사하는 것이 유리하다.

② 표면 금리가 낮은 것을 선택하라.

채권이 발행될 때 표시되는 금리로, 이자를 지급하는 기준이 되는 금리를 '표면금리' 라고 한다. 표면금리가 높은 채권은 이자 소득이 그만큼 많아지므로 이자소득세를 더 내게 된다. 그러나 투자할 때는 표면금리가 아니라 유통수익률에서 실제 소득을 얻는다. 따라서 표면금리가 높은 채권일수록 실제 소득과 무관하게 많은 세금을 내게 되는 것이다. 유통수익률이 똑같은 채권이라면 표면금리가 낮은 것을 선택하는 것이 이런 면에서 현명하다.

③ 국채로 시작하라.

채권의 안정성은 국채→금융채→회사채 순이며, 수익성은 그 반대 방향인 회사채→금융채→국채 순이다. 채권에서도 고순익 · 고위험의 법칙이 적용되는 것이다. 따라서 채권투자를 처음 시작한다면 국채부터 시작하는 것이 좋다. 국채는 정부가 발행하는 채권이니만큼 안전성이 높으며 수익성도 은행의 예금상품에 뒤지지 않는다.

채권투자는 절세 효과도 높다. 만기가 1년 이상 남은 채권을 매입한 뒤 만기까지 보유하면 다른 예금과 합산해 4,000만 원 이내에서 세금 우대 혜택을 받을 수 있다. 만기가 5년 이상인 국채는 투자자의 보유 기간과 관계 없이 분리과세가 가능하므로 절세 효과를 누릴 수 있다.

④ 매매차익에 너무 의존하지 마라.

모든 상거래가 그렇듯이 채권도 채권 가격이 쌀 때(금리가 높을 때) 사서 채권 가격이 비쌀 때(금리가 낮을 때) 팔면 돈을 남길 수 있는 법이다. 문제는 그것이 생각처럼 쉽지 않다는 데 있다.

채권 가격은 금리와 반대의 관계에 있다. 채권수익률이 오르면 채권 가격은 하락하고, 반대로 채권수익률이 하락하면 채권 가격은 오르게 된다. 따라서 금리하락이 예상될 때 채권을 사서 금리 상승이 예상될 때 팔아야 매매차익을 올릴 수 있는데, 이는 거시경제에 대한 이해력과 금리 예측 능력이 있어야 가능하다. 채권 초보자가 매매차익까지 기대하기란 매우 어려운 일이다.

다만 중도매매를 하지 않고 만기까지 보유하면 적어도 매입 당시 정해진 수익률은 확보할 수 있으므로 재테크 공부를 하는 셈치고, 거시경제에 대한 이해를 높이고 재테크 지식을 넓히기 위해서는 채권 분야에도 한 번쯤 관심을 기울여 볼 만하다.

⑤ 소액 투자자는 절세 상품을 선택하라.

우선 1인당 3,000만 원까지 가입할 수 있는 '세금우대 소액채권 저축'에 들면 절세 효과를 볼 수 있다. 채권에 직접 투자하기가 부담스럽다면 은행이나 증권사의 수익증권 등을 통해 전문가에게 운용을 위탁하는 간접투자도 바람직하다. 그러나 부도 위험이 없는 우량회사의 채권을 선택할 경우 최소한 매입 당시의 수익률이 만기까지 보장되는 직접투자와 달리, 간접투자는 운용회사의 편법 운용 및 운용 방식에 따라 손실을 가져온 사례가 있는 만큼 회사

선택에 신경을 써야 한다.

⑥ 직접투자는 증권사를 이용하라.

채권은 증권사·투신사·은행 등 다양한 채널을 통해 투자할 수 있다. 그러나 직접투자의 경우라면 증권사를 이용하는 것이 유리하다. 투신사는 주로 간접투자 상품을 판매하며, 은행의 경우 채권 상품 취급은 부수적인 업무다.

투자 수익률 면에서도 은행보다는 증권사를 이용하는 것이 유리하다. 예를 들어 금융채의 경우 은행 창구에서는 발행금리를 기준으로 판매하지만, 증권사는 유통 수익률을 기준으로 판매한다. 일반적으로 발행금리가 시장 유통 수익률보다 낮기 때문에 증권사를 통하면 은행보다 싸게 살 수 있다.

채권 투자의 실례

    3,000만 원으로 채권 투자를 하면 5년 만에 1,600만 원을 벌 수 있다. 단, 다음과 같은 전제 하에서다. 즉 연 수익률이 18%이고, 5년간 수익률이 30%일 때이다.

    채권은 예를 들어 액면 1억 원짜리라면 만기에 1억 원을 되돌려 받는 것을 전제로 하고 현재의 수익률에 따라 할인된 값에 산다. 이 점이 주식이나 부동산 투자와 다르다. 채권 투자시 중요한 점은 만기상환이 확실한지에 대한 보장 여부와 매입 시기다.

    예를 들어 1,000만 원을 수익률이 18%에 달하고 만기가 5년인 국채에 투자하면, 국채는 일단 원금 보장이 확실하고 5년 후에 세금을 빼고도 원금의 두 배 이상의 돈을 받을 수 있다. 게다가 국채는 중간에 팔아도 정기예금에 돈을 넣는 것보다는 높은 수익을 올릴 수 있다.

    물론 회사채는 장외채권이므로 만기까지 철저하게 가지고 가면 확정금리를 받을 수 있으나 중간에 매도했을 때는 수익률이 보장되지 않는다.

모든 투자에서 수익률이 높으면 그만큼 위험이 있다는 것은 투자의 상식이다. 그러나 때로는 그 위험을 감수할 과감한 결단과 투자가 필요하다. 안정만을 추구하다가는 자본의 증식은 한계가 있기 마련이다.

따라서 위험을 감수하고 회사채 2,000만 원어치와 만기 5년 국채인 국민주에 투자하였다면 5년 후엔 원금이 4,600만 원으로 늘어날 것이다. 이것은 채권의 수익률이 연 30%로 가정했을 경우이다.

재산을 증식하기 위해서 투자할 경우 때로는 이와 같이 과감한 도전 정신으로 결단을 내릴 필요도 있다.

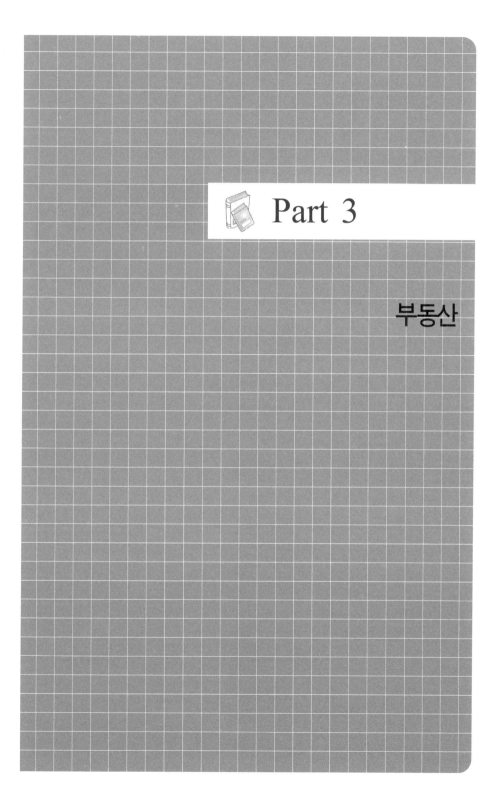

Part 3

부동산

01 부동산 투자에 앞서 고려해야 할 사항

100세 시대를 준비하기 위해 그동안 모아 둔 돈으로 부동산에 투자할 때는 거의가 대출을 받게 된다.

대출은 장기 상품이다. 대출을 상환하려면 자기의 자산과 능력부터 점검해야 한다. 그렇지 않으면 중도에 실패하고 만다.

① 대출 상환 능력이 있는가?

월 대출 상환 금액이 급여의 80% 미만에서 이루어지도록 해야한다. 자녀가 있는 경우, 60% 정도가 교육비, 생활비, 보험료 등으로 지출된다. 따라서 80% 이내로 하지 않으면 감당하기가 힘들 것이다.

② 중간에 부부 중 어느 한쪽이 그만두었을 때도 고려하라.

맞벌이 부부의 경우 중도에 자녀 출생 등 여러 가지 이유로 어느 한쪽이 그만둘 경우도 생길 수 있다. 따라서 부동산 투자도 이런 경우를 감안해서 규모를 정하지 않으면 안 된다.

③ 대출 상환과 노후 준비를 함께할 수 있는가?

노후를 준비하는 것은 대출 상환 못지않게 중요한 위치를 차지하고 있다. 따라서 대출 상환으로 인해 노후 준비를 하지 못한다면 재테크에 성공했다고 할 수 없다. 따라서 매월 수입에서 적어도 10% 이상을 노후 준비 투자와 함께 대출을 상환할 수 있어야 한다.

④ 당신의 노후를 보낼 곳은 어디로 정했는가?

100세 시대를 맞아 노후를 서울에서 보낼 것인지 아니면 고향이나 중소도시에 가서 보낼 것인가가 정해져 있어야 한다.

만약 서울에서 보낼 계획이라면 집 한 채 장만하는 것으로 노후 준비를 했다고 안심해서는 안 된다. 집값은 유동적인 데다가 앞으로 10년 후 또는 20년 후의 부동산 시장이 물량과잉으로 현재의 부동산시장과 전혀 다른 모습이 될 가능성이 크기 때문이다. 무엇보다도 당신의 대출상환이 언제 끝나는지부터 파악해야 한다.

02 금리 상승기의 이자소득을 늘리는 부동산 펀드

부동산 간접투자 상품인 리츠(REITs)는 부동산에 직접 투자할 때 생기는 여러 문제들을 피해갈 수 있다는 점에서 주목할 만하다. 리츠는 투자자들로부터 금전을 위탁받아 부동산 또는 부동산 관련 대출에 투자하고, 그 수익을 투자자들에게 배당하는 회사 또는 투자신탁으로 정의된다. 유가증권에 투자해 수익을 올리는 뮤추얼펀드에 빗대어 '부동산의 뮤추얼펀드'라고도 불린다.

리츠는 개별 부동산 투자사업을 일종의 회사로 만든다는 점이 특징이다. 따라서 회사가 증권거래소나 코스닥에 상장 또는 등록되면 주식에 의한 시세차익도 얻을 수 있다. 즉, 주식이 발행된 뒤부터 당신과 같은 일반 투자자들은 주식 거래를 통해 투자할 수 있는 것이다. 리츠 회사는 공모를 통해 투자자를 모아 부동산에 투자한다. 투자자는 공모를 통해 리츠에 청약할 수 있으며, 공모를 못 하면 상장된 후 주식시장에서 매매할 수 있다.

① 리츠의 종류

우리나라에서 리츠는 투자자로부터 모은 자금으로 부동산 회사를 설립하여 그 회사에서 부동산을 매입·운용하는 '일반 리츠'와 IMF 이후 자산의 유동성에 어려움을 겪고 있는 은행 및 기업의 구조 조정을 지원하기 위한 '구조 조정 리츠'(CR리츠)로 나뉜다. 즉, 모든 종류의 부동산에 투자할 수 있는 일반 리츠와 기업이 구조조정을 위해 내놓은 부동산에 집중투자하는 CR리츠 두 가지가 있는데, 현재 활성화되고 있는 것은 CR리츠 하나다.

CR리츠의 경우 부동산 구입 때 취득세·등록세가 면제되고 이익의 일정 비율 이상을 배당하면 법인세도 면제되는 등 세제 혜택이 주어진다. 이런 저런 세금을 모두 물어야 하는 부동산 직접투자보다 높은 수익률을 올릴 수 있는 조건을 갖춘 셈이다. 단, 정부에서 세제 혜택의 일부 축소를 검토하고 있다는 점은 염두에 두어야 한다.

② 리츠의 투자 위험

리츠는 일반 주식과 달리 부동산이라는 실물 자산에 투자한다는 특성으로 인해 주식 가격이 상당히 안정적이다. 주식 시장에서 변동성을 측정해주는 소위 '베타(β)계수'가 낮기 때문에 시장 위험에 그만큼 적게 노출된다는 것이다. 또한 일반 주식회사의 경우 부도가 날 수도 있지만 리츠의 경우 부도가 나는 일은 거의 없다. 그만큼 투자위험이 낮다고 볼 수 있다.

그러나 리츠 주식도 신탁사의 일반 투자신탁과 같이 원금손실을 볼 수 있는 상품이다. 따라서 수익만 있고 손실은 없는 재테크 수단으로 생각해서는 안 되는 것이다. 투자하기 앞서 투자 대상이 부동산이어서 부동산에 대한 투자 실패, 부동산의 가격하락 등으로 손실이 발생할 수도 있다는 점을 명심해야 한다.

③ 리츠 투자 시의 고려할 점

따라서 리츠도 투자하기 앞서 여러 가지 검토할 것들이 많다. 가장 중요한 것은 자산운용회사(AMC) 측에서 제공하는 투자설명서를 챙겨 읽는 것이다. 투자설명서에는 자산운용 방법과 대상, 계약조건 등 필수 사항이 담겨 있는데, 수익률 전망과 투자 위험에 대해서도 상세하게 기술되어 있다.

또한 리츠에 따라 투자 대상 부동산이 주로 사무실로 구성되어 있을 수도 있고, 상가나 기타 부동산을 편입할 수도 있다. 따라서 시장상황과 운용자산에 따라 수익률이 달라진다. 나중에 청산절차를 밟을 때 매각 지연으로 인해 문제가 생길 수도 있음을 염두에 두어야 한다.

리츠 수익률은 자산을 얼마나 효과적으로 운용하는가에 의해 좌우되므로 자산운용 회사가 어떤 능력을 가지고 있는지도 잘 판단해야 한다. 계약 조건에 총액 인수, 풋백 옵션과 같은 안전장치가 있는지도 꼭 확인해야 한다. 증권사와 총액 인수 조건으로 공모를 하면 목표 금액에 미달하더라도 나머지를 증권사가 부담하기 때문에 리츠의 상장 위험이 보전될 수 있다. 또한 자산 매각자와 풋백 옵션을 맺으면 청산 시 부동산 시황이 여의치 않더라도 자산 매각자에게 정해진 가격으로 되팔 수 있어 시장위험을 회피할 수 있다. 그 밖에도 발기인으로 참여한 기관투자자의 면면을 살펴보는 것도 리츠의 성공 여부를 판단하는 중요한 잣대가 될 수 있다.

　이제 도심의 우뚝 솟은 오피스 건물도 주식으로 바뀌어 증권시장에서 사고팔 수 있게 된 세상이다. 삼성전자의 주식을 사서 삼성전자의 주주가 되는 것처럼, 영원히 다른 사람의 것으로만 여겨졌던 대형빌딩도 내가 주인이 될 수 있게 되었다.

Tip

풋백 옵션

풋백 옵션은 공모에 참여한 투자자가 신규 등록일 후 한 달 이내에 주가가 10% 이상 떨어질 경우 주간사인 증권회사에 이를 되사달라고 요구하는 권리.

부동산 투자 4원칙

지금까지 주식 투자자는 오로지 주식만, 부동산 투자자는 부동산만 바라보는 것이 그동안의 재테크 패턴이었다. 무조건 돈 된다 싶으면 '몰빵투자'요, '차입투자'였다. 그러나 앞으로 부동산 시장에 커다란 변화가 예고되고 있다. 정부가 최근에 대거 쏟아놓은 부동산 규제의 힘이 발휘될 때가 왔고, 투자처를 잃은 자금은 갈 곳을 몰라 갈팡질팡할 것이다. 이제 더 이상 사두기만 하면 오른다는 '묻지마 투자'로는 돈을 벌 수가 없게 되었다.

① 투자 목표를 구체화한다.

부동산 투자를 하려는 목표는 여러 가지가 있을 수 있다. 예컨대 단기 시세차익을 목표로 할 수도 있고, 내 집을 마련하는 것이 우선이 될 수도 있다. 그러나 어떤 것이 목표이든 간에 그 목표는 구체적이고 명확해야 한다. 또 목표 달성의 기한을 정하는 것도 중요하다. 기한 내에 목표를 달성하기 위한 행동을 구체화할 수 있기 때문이다. 목표를 설정했다고 해서 중도에 바꿀 수 없다는 것은 아니다. 투자 환경이 변할 때에는 투자의 계획과 실천 방법을 계속 수정 보완해 나가야 한다. 합리적인 투자 계획이란 끊임없이 순환하는 일종의 사이클로 생각하면 된다.

② 수익성과 환금성을 동시에 따진다.

주식이나 채권에 비해 투자 규모가 커 목돈이 필요한 것이 부동산 투자이다. 부동산 투자의 경우 '입장료' 만 해도 최소 수천만 원이 필요하다. 그래서 부동산 투자를 '돈 놓고 돈 먹기' 라고 하고, 투자보다는 '투기' 라는 말로 투자자를 비판하기도 한다. 따라서 부동산 투자의 실패는 가정경제에 엄청난 고통을 안겨준다. 이제 집값 상승의 막연한 기대심리를 갖고 투자하는 속칭 '투기' 는 그만두어야 한다. 수익성과 환금성을 따지는 안목을 높여야 한다는 얘기다. 투자자 스스로 전세나 임대보증금 명목으로 목돈을 받아 부동산에 재투자하는 악순환의 고리를 끊고 자금 흐름을 원활히 순환시키는 상품으로 눈을 돌려야 하는 것이다. 앞으로의 부동산 재테크는 시세차익보다 운영 수익을 높이는 쪽으로 바꾸어야 한다.

③ 투자 목적은 대중적이어야 한다.

투자를 목적으로 하는 부동산과 활용을 목적으로 하는 부동산 간에는 큰 차이를 두어야 한다. 이용할 부동산은 내가 좋다면 사막이나 심심산천 골짜기도 좋지만, 투자를 목적으로 할 때는 많은

221

사람들의 구미를 당기는 대중적인 부동산이어야 한다. 팔아야 소득이 발생하기 때문에 여러 사람의 마음에 드는 부동산을 선택하는 것이 요령이다. 지금은 교통이 불편하여 투자가치가 적지만, 교통문제만 해결되면 좋을 것 같다는 의견이 지배적인 곳이라면 투자가치가 있을 것이다. 언제 교통문제가 해결되느냐가 처분 시점이 되는 셈이다.

④ 시중금리 동향과 기회 비용을 예의주시해야 한다.

부동산에 투자할 때에는 금리 변화나 개인의 유동성과 관련된 리스크를 늘 염두에 두는 것이 바람직하다. 또한 '기회비용'이라는 잣대를 사용하는 것도 필요하다. 기회비용이란 어느 하나를 선택함으로써 다른 하나를 포기해야 하는 비용을 말하는데, 때로는 돈으로 측정할 수 없는 것도 있기 때문이다.

투자의 2대 요소, 임대수익과 시세차익

오늘날 정부의 부동산 투기 억제 시책으로 여러 가지 대책이 나오면서 부동산 시장이 얼어붙었다. 그러나 우리나라에서 부를 가져다주는 수단으로 부동산만큼 안전하고 확실한 것은 없다. 그럼에도 불구하고 부동산 투자에는 무엇보다도 많은 연구와 노력이 필요하다.

만일 2009년 봄에 79.1m² 목동아파트를 1억 3천에 매입했다고 하자. 그리고 2010년 봄에 3년의 양도세 면제 기간이 끝나 6천의 시세 차익을 보고 1억 9천에 미련 없이 팔아버렸다. 그리고 임대 수익을 얻을 수 있는 아파트에 투자하라는 전문가 말에 따라 산본의 51m² 아파트를 6천5백에 그리고 나머지 돈으로 강남의 소형 오피스텔을 구입했다고 했을 때, 이것은 두 군데서 받는 임대 수익을 내심 욕심내었던 것이다. 그리고 1년 전에는 산본의 아파트 역시 1천만 원이 오르자 또 팔아버렸다. 1년이 지난 지금 가진 재산이라고는 흐트러진 현금과 아직 임대자를 구하지 못한 오피스텔 한 채가 전부다.

만일 79.1m² 아파트를 그대로 갖고 있었더라면 현재 시세는 4억 원 안팎이다. 그때 산 시세보다 무려 2억 7천만 원이, 또 판 시점보다 2억 1천만 원이 오른 것이다.

2년 전에 79.1m²의 소형 아파트를 팔아 더 작은 아파트와 오피스텔을 두 채 만든 결과는 이렇게 참담한 결과를 가져온 것이다.

입지 분석은 필수이다

누가 미래를 예측할 수 있느냐고 변명하면 할 말이 없다. 그러나 분명한 것은 위의 판단 실수를 분석해 보면 어느 정도 답이 나온다. 산본과 목동의 입지 분석에 대한 판단 착오와 오피스텔에 대한 투자 위험성을 간과한 데 있는 것이다.

이제 이런 가상을 생각지 않아도 지금은 2년간의 급격한 상승에 따른 자본 이득으로 너무 큰 시세 차익을 기대하기가 힘든 것이 사실이다. 이러한 부동산 조정기는 같은 가격이면 오히려 상대적으로 임대 수익을 더 많이 올릴 수 있는 곳에 눈을 돌려도 좋을 듯하다. 그러나 자본 이득이 기대되는 곳은 임대 수익이 적고 임대 수익이 큰 곳은 큰 자본 이득을 기대하기 힘든 곳이 많다.

게다가 지금은 자본 이득은커녕 자본 손실까지도 이어질 수 있다는 시점이다. 따라서 부동산 투자는 어느 때보다 많은 연구와 치밀한 분석이 요구된다.

224

주택임대사업 가이드

주택임대사업은 은행금리 이상의 고정수익을 얻을 수 있고, 세금 감면 혜택도 받는 사업이어서 안정적이면서도 경쟁력을 갖추고 있다.

임대주택의 장점을 살펴보면, 첫째, 취득세, 등록세 감면효과와 일정 기간 임대 후 양도세가 감면된다는 것이다. 둘째, 임대 물량 품귀로 인한 임대료 상승으로 시중금리보다 높은 수익률을 보장받을 수 있고, 향후 부동산 가격 상승 시 자산 소득 증대의 효과를 누릴 수 있다는 것이다.

임대주택 사업자의 자격은 현재 국내 거주자 또는 해외 거주자로서 우리나라 국민이면 되고, 1가구 1주택 소유자도 가능하다. 사업자 등록 기준은 임대주택을 선취득 후 임대사업자로 등록하면 된다. 사업자 등록 기준은 2가구 이상의 매매계약서(분양계약서)만으로 임대사업자 등록이 가능하다. 주택의 규모 및 형태에 대한 제한은 없다. 다만, 임대사업자 등록은 신규 공동주택(아파트, 연립, 다세대주택)에만 해당되고, 단독주택으로 분류되는 다가구주택은 원칙적으로 임대사업자로 등록할 수 없다.

① 임대주택사업 등록 절차

임대 조건 신고란 임대차 계약기간, 임차보증금, 임대료 등을 사업자를 등록한 해당 구청에 신고하는 것을 말한다.

1단계 세무서 임대사업자 등록 시, 2단계의 임대조건 신고를 동시에 하는 경우도 있다.

② 임대주택 선택 시 고려사항

투자 목적은 크게 임대수입과 양도차익을 얻는 것으로 나눌 수 있는데, 임대주택 대상 물건 선정 시 고려해야 할 사항이 몇 가지 있다.

· 매매가 대비 전세 비율이 높은 곳을 찾아라.
· 도심과의 접근성이 용이한 지역이 좋다.
· 대형 평형보다는 중소형 평형이 임대사업용으로 적당하다.
· 발전 가능성과 임대 수요가 많은 곳을 선택하라.

당신이 임대주택사업을 하려고 할 때 다음 사항을 주의해야 한다. 다가구주택의 경우 가구 수에 상관없이 단독주택 한 채로 분류되기 때문에 임대사업자로 등록할 수 없다. 그러나 다가구 주택을 2채 이상 소유하고 있는 사람이 세입자들의 동의를 얻어 구분등기하여 임대사업자 등록을 하면 세제혜택을 받을 수 있다.

· 세대별 구분 소유가 가능한 다세대주택의 경우에는 사업자등록이 가능하여 임대주택사업을 할 수 있다.
· 오피스텔은 주거용 건물이 아니기 때문에 주택임대사업 대상이 아니다.
· 주택임대사업은 시중금리가 인상된다거나, 경기가 활성화되

226

임대주택사업 등록 절차

구분	신고기한	구비서류	신고관청
1단계 임대사업자 등록	매매(분양)계약 체결 후	임대사업자등록 신청서, 주민등록초본, 주민등록 증사본, 등기부등본, 매 매(분양)계약서본	거주지 관할시, 군, 구청 주택과
	임대 개시 20일 전	사업자등록 신청서, 주민등록등본	관할 세무서
2단계 임대 조건 신고	임대 개시 10일 전	임대조건 신고서, 표준 임대차계약서	관할시, 군, 구청장 에게 신고 후 신고 필증을 교부받음
	임대 개시 후 3개월 이내	주택임대신고서, 임대사 업자 등록증 사본, 표준 임대차계약서, 임차인의 주민등록등본	관할 세무서
3단계 양도 시 감면 신청	5년 후 (기존 주택은 10년)	사업자등록증, 임대차계 약서 등록증 사본, 등기 부등본, 임차인 주민등 록등본	관할세무서

어 소비자들의 구매력이 증대될 경우 임대수요가 줄어들어 수익률이 줄어드는 경우가 있다. 그러므로 임대주택을 어떻게 그리고 어느 지역의 주택을 매입해 임대하느냐에 따라 수익률 편차가 크기 때문에 무엇보다도 입지를 잘 선택하여야 하며, 또한 절세 전략도 잘 수립하여야 한다.

· 임대수입 중 월세 부분은 임대사업자에게 종합소득세(부동산 임대소득)를 부과한다. 주택을 전부 전세로 임대하면 임대수

입에 대한 종합소득세 대상에서 제외된다.

③ 임대사업의 세제 혜택

현행 세법에서는 주택임대사업의 요건을 대폭 완화하여 전용면적 140m² 이하이고, 기준시가 6억 원(수도권 외에는 3억 원)이하이면 주택 한 채만으로도 주택사업을 할 수 있다. 임대사업을 하면 세제 혜택을 준다.

05 부동산 투자의 성공 조건, 타이밍

당신이 부동산에 투자할 때 가장 간과하기 쉬운 것이 투자 타이밍이다. 시장 환경이나 정부정책에 따라 인기 품목이 시시각각 변하기 때문이다. 따라서 부동산을 언제 사고 언제 팔아야 할지를 결정하는 것이 수익성 측면에서 매우 중요하다.

이제는 부동산을 구입할 때 가장 먼저 고려하는 요소가 환금성이 되어버렸다. 싸게 사는 것도 중요하지만 팔 때 손쉽게 팔 수 있는가의 여부를 항상 따져보고 부동산을 구입하는 것이다. 사실 부동산에 있어 환금성은 매우 중요하다. 일반적으로 부동산을 팔 때는 적어도 3~6개월 정도 시간이 필요하다. 때문에 제때에 팔 수 있다는 것은 큰 행운이라고 할 수 있다.

골목의 전봇대마다 부동산 매매를 알리는 벽보가 붙고 거리의 무가지에 부동산 정보가 넘쳐나는 현상도 이와 맥락을 같이 한다. 예전에는 중개업소에 집을 내놓고 하세월을 기다릴 뿐이었지만, 이제는 집 주인이 직접 나서는 등 적극성을 띠고 있다. 부동산을 잘 팔려면 요령이 필요하다. 특히 팔 물건이 넘쳐나지만 정작 살 사람이 적을 때는 적극성을 가져야만 원하는 시기에 부동산을 팔 수 있다. 마케팅 전략을 잘 구사해야 부동산을 잘 팔았다는 소리를 들을 수 있는 것이다.

많은 사람들이 부동산을 잘 팔기 위해 고민하지만, 그 방법은 의외로 간단하다. 시세보다 약간 싸게 파는 것이다. 특히 지금 당장에 꼭 집을 팔아야 하는 처지라면 같은 물건의 시세보다 싸게 내놓고 주인을 기다리는 것이 현명하다. 부동산은 팔 수 있을 때 파는 것이 제일이다. 더욱이 부동산은 인연이 있어야 한다. 당신의 입맛에 꼭 맞는 새 주인을 만나기란 매우 힘들다.

① 장기투자라면 땅이다.

한 평에 수억 원 하는 땅이 있는가 하면, 시골을 돌아다니다 보면 아직 평당 몇만 원짜리 땅이 수두룩하다. 지금 당장 몇 %의 수익률을 올리는 데 연연하지 말고, 땅에 묻어둔다는 생각으로 투자하는 것도 좋은 방법이다. 특히 그린벨트, 공원녹지 지역, 접도 구역, 자연녹지 지역처럼 규제에 묶인 땅을 사라. 이런 땅은 찾는 이가 별로 없기 때문에 싸게 살 수 있다. 싸게 사서 놓아두면 언젠가는 그 용도가 생기는 것이다.

쓸모없다는 말은 당장 건축할 수 없다는 말일 뿐이다. 그러나 땅의 쓰임새는 건축만이 전부가 아니다. 아주 다양하다. 더군다나 정부의 국토 이용 계획은 갈대와도 같다. 규제와 해제가 하루아침에 바뀌는 것이다. 수백 번의 시행착오 끝에 국토 이용 계획을 더

230

이상 바꾸지 않아도 될 만큼 완벽해지지 않는 한 언제나 변화의 여지는 있을 것이다. 우리나라는 국토 이용계획을 완벽하게 수립하기에는 아직 보완해야 될 점이 많다고 여겨진다.

흔히 땅을 사고 나면 그 땅을 어떻게 활용할까를 가장 먼저 생각하게 된다. 무엇을 해야겠다고 서두르기 전에 푹 삭혀라. 우리나라 전통음식 삭히듯 푹 삭혀라. 20년, 30년, 아니 후대로 넘어가면 더 좋다. 묵힐수록 돈이 불어나는 것이다.

땅값이 왜 이렇게 안 오르지? 잘못 산 것 아닌가? 언제 팔아야지? 이렇게 조바심을 내다 보면 땅에 대한 매력을 잃게 되고, 스스로 땅의 값어치를 떨어뜨리는 경솔함을 초래한다. 일단 땅을 사놓았으면 언젠가는 그 땅이 행운을 가져다 줄 것이라고 믿고 땅을 사랑해야 한다.

동서고금을 통틀어 못 쓰는 땅이라고 버린 땅은 없다. 소련은 별 볼일 없는 땅이라며 알래스카를 미국에 팔아버렸다가 후에 땅을 치고 통곡을 했다. 알래스카에는 무궁무진한 지하자원이 매장되어 있었고, 지금은 천혜의 자연경관을 보려는 관광객들로 넘쳐난다.

② 땅 투자도 적금식 투자가 필요하다.

배불리 먹는 데도 요령이 필요하다. 잘 씹지도 않고 급하게 삼키다가는 오히려 체한다. 땅도 마찬가지여서, 한꺼번에 큰 평수를 사려다가는 계획대로 안 되는 수가 있다. 마치 저축하듯이 재정적인 형편이 되는 대로 조금씩 사 모으는 것이 좋다. 평생 땅을 모으는 것을 취미로 삼아도 좋다. 조금씩 사기 어려운 땅은 친구나 친척들과 함께 여러 명이 일괄로 산 후, 공동등기나 분할등기를 하는 방법도 효과적이다.